Kaori Becker 著

鈴木 英倫子 訳

アメリカから
やってきた、

みんなで作る
おもち、
大福、
おだんごの本

O'REILLY®
オライリー・ジャパン

MOCHI MAGIC

50 Traditional and
Modern Recipes
for the Japanese Treat

Kaori Becker

私の母、ユキコ・ジンキと、
日本のご先祖さまにささげます。

日本の読者のみなさんへ

こんにちは、日本の読者のみなさん。

いま、あなたが手にとっている本を書いたことを、とてもうれしく思っています。この本のタイトルは『MOCHI MAGIC』（英語版書名）ですが、私は子どものころも、料理教室のときも、そしてこの本を作っている間もずっと、おもちの魔法を感じていました。いつでも楽しめるおもちは、びっくりするほどおいしいだけでなく、私たちの創造力をひきだします。そのとき、魔法がかかるのです。

私は、もち料理を作り始めたころから、その可能性が果てしないことに気づいていました。おもちはついても、蒸しても、茹でても、コンロで焼いても、オーブンで焼いても、そして電子レンジにかけてもよいのです。もち粉を使ってカップケーキやマフィン、パンケーキ、それにドーナッツだって作れちゃう。ちょっと変わったフレーバーやフレッシュな果物、クリームチーズやトリュフチョコを大福もちに入れたって大丈夫！　この本では、昔ながらのおもちだけではなく、よりクリエイティブで現代的なおもちをあわせて紹介しています。この本では、いちからおもちをこねあげる基本的な方法や、あんこやしろあん、お雑煮の作りかたをお教えするのと同時に、目新しく、変わったあんこやフレーバーを使った、一歩進んだ大福もちや、おだんごの作りかたもご紹介しています。おもちを店で買うのは、もちろん楽しいことですが、この本をきっかけに、あなたのキッチンで楽しくてかわいく、おいしいおもち作りが始まればよいと思っています。

私は、自分に半分日本人の血がながれていること、そして福島出身の母、ユキコからもち料理の作り方を教わったことを、とても誇りに思っています。私と母は、サンフランシスコのベイエリアで開催している、5つのもち料理教室のためにレシピを編み出してきましたが、この本はその舞台である私たちのキッチンから始まります。この本を読んだみなさんが、たくさんのおいしいおもちを作って、家族や友だちと楽しいおもちづくりの時間が過ごせますように。作ったら、インスタグラムの @kaoriskitchen にシェアしてくださいね。みなさんが作るおもちを見るのを楽しみにしています！

私のキッチンからあなたのキッチンへ
Kaori

目次

愛情たっぷりの
おもちのある生活

　私の仕事は、お米とお砂糖、水と愛情でできています。私は大学時代に母であるユキコから、もち作りを教わりましたが、その後、母のあとを追うように、「もちメイカー」となりました。ベイエリアにある居心地のいいキッチンで、母と私は世界中から訪れる人にもちの作りかたを教えてきました。訪れる人や家族、友だち、みんなに喜んでほしくて、そして驚いてほしくて、手軽でおいしいもちレシピを考えてきたのです。考え出したレシピを教えながら、いっしょに作るうちに、もちメイキングの過程は、愛情をはぐくむ過程だと気づいたのです。つまり、もち作りは人々を仲良くさせるってことなのです。

　もちを作るすべての過程 ——、混ぜて、蒸して、こねて、そしてとりわけあんこを入れるのは、みんなの会話をはずませ、冗談や笑顔を呼ぶ作業です。いっしょにテーブルを囲み、手でもちを丸め（ときにはもちで遊んで）、蒸したてのもち米や、砂糖やあんこの匂いをかぐうちに、リラックスして子どもの頃の気持ちに戻っていきます。童心にかえれば、心のガードもはずれ、ゆかいな気分になっていきます。甘いおもちを食べるうちに、ほほえみや笑顔が生まれ、たのしい物語や思い出ができるかもしれません。最初は緊張して私たちのもち教室を訪れた人たちもみんな、たのしくうれしく、明るい気持ちで帰っていきます。たった数時間前に出会ったばかりの見知らぬ者同士が終わるころには、いっしょにテーブルを囲んだ人たちと仲良くなって、わかりあえるのです。もち作りは、料理をすることとおなじように、人とのつながりをはぐくみます。

もちって何？

　もちは「もち米」と呼ばれる日本の短粒米を使った、ねばり気のあるお米のお菓子です。もち米は腹持ちがよく歯ごたえがあって、ふだん食卓に並ぶ白米より自然な甘みがあります。もちそのものには味がないので、さまざまな料理で楽しめます。しょう油をつけるだけでもおいしいし、甘い味つけにしたり、甘いあんこを包んでもよいでしょう。もち粉もまた、昔からお菓子に使われてきました。ブラウニーやドーナツのように焼き菓子にしたものは、もっちりしたおもしろい食感になります。日本以外の国の料理にもよく使われ、もちの人気はますます高まっています。

　日本の文化の中で、もちは「神からの贈り物」とありがたがられ、縁起物として古くから大切にされてきました。この小さなお菓子は、もともと天皇や貴族だけのごちそうでしたが、のちに神道の儀式で神さまへのお供えとして使われるようになりました。時を経てこの縁起のよいお菓子は、日本のお正月やひな祭り、五月の節句に欠かせないものとなり、お祝いの席でも普段のごちそうとしても、親しまれています。

　日本におけるもちの歴史は信じられないほど長く豊かですが、誰によって、いつ作られ始めたのかはっきりとはわかっていません。古墳時代（西暦250年から538年）の蒸し器が、現在のもち作りに使われているものに似ていることが考古学者によって発見され、最も古い時代の手がかりとなっています。

　日本でお正月に食べるものといえばシンプルなおもちです。日本の長い歴史の中で、日本人は毎年収穫できる米を主食としてきました。毎年お正月には、日本の家庭では「鏡もち」（大きなもちに小さなもちを重ね、その上にダイダイと呼ばれる柑橘類をのせたもの）を縁起物として飾っていました。何世紀もの間、毎年収穫される米を主食としてきた日本では、年

の初めにもちを作ることが、豊作と縁起を
もたらすと考えられたのです。昔から農民
たちは、イネの神の訪れを祝って、神前に
米を供えてきました。農民たちは、その年
の米の豊作を祈ってお供え物をあげてき
たのです。また、もちをみんなにくばると、
くばった人の家や家族、そして生活に幸せ
をもたらし、さらに、もらった人もおなじよう
に幸せになれると信じられています。

　「イナダマ」（倉稲魂命）、とはお米の神様のことです。日本の文化では、
イネの中のお米には命がやどり、さらに、その一粒一粒に精がやどって
いると言われてきました。日本では、もちの精は食べた人を元気に強くす
ると信じられています。かつて産後の女性には、体を丈夫にして体力を回
復させるために、おもちを食べさせました。いまでも、うどん屋の「力うど
ん」といえば、大きなおもちの入ったうどんです。昔から、ついたもちには
お米の神様が入っていて、神の力がやどっていると考えられ、その考えは、
今の社会にも受け継がれています。

もちとともにある生活

　私は、いっぱいおもちを食べて育ちました！　近所の和菓子屋さんで買
う大きな大福もち（あんこの入ったおもち）から、日系のお母さんたちが、
教会のチャリティーバザーで1ドルで配る、もっと小さなおだんごまで、い
つだってもちは、安心感のある、おいしさのみなもとでした。私は、日本に
いる親戚を訪ねたときに食べたおもちをいつも思い出します。すべすべ
して、しなやかで、ねばり気のあるもち米の食感が、真ん中のあんこの柔
らかさや触感を引き立てていて、いつだってお気に入りでした。

　私の母がもちの作りかたを教えてくれたのは、私が英語の教師の資格
を取るために大学院に通っていたときでしたが、いつしかもち作りのほ

うがおもしろくなってしまいました。私は母に、いちいち電話で細かい手順を聞き出しました。また、そのころ始めた小さなブログに載せるために、手順を撮影した写真を送るように頼みました。大学院に通うために、たくさんのお金や、時間や、努力を費やしたのに、私の気持ちは完全に違う方向に引っ張られていきました。家に帰って、キッチンで料理をするときが一番たのしいと思ったのです。やがて料理はかかすことのできない、私の天職となっていきました。

　料理教室を始めたとき、フォーやインドカレーの作りかたなど、いくつかのメニューを宣伝しました。でも、一番人気になったのはもちのクラスです。もちに興味がある人々が次々と受講してくれたのです。おもちに何か特別なものがあることは間違いないでしょ？

無限の可能性

　私はずっと、おもちの間口の広さに魅了されています。あんを入れてもいいし、味をつけてもいいし、料理方法もさまざま。その万能性には、無限の可能性があります。現在、香ばしいものから甘いものまで、いろいろな味つけの、さまざまなおもち料理が生み出されています。この本のレシピを見れば、日本や世界中の、さまざまなおいしいもちの食べ方がわかります。日本のもち米を使った伝統的な「のしもち」は、お正月によく食べるもちですが、すべてのもちが1月にしか食べられないわけではありません。「おだんご」と呼ばれる丸めたもちから、アイスクリームを包んだ大福もちまで、日本やアジア、世界中でさまざまな種類のもちが一年中食べられています。そのおいしさと食感は、たくさんの人に愛されています。

私の楽しみは、日本はもとより、アメリカや世界中の新しいもち料理を作って、そして味わうことです。私のアジア旅行のほとんどは、もちの研究をするためのものです（おもちを食べるための口実ってことです！）。

　この本のレシピは、そんな私のこれまでの研究結果です。この本は私が、母やアシスタントのみんなといっしょに、もちについて試したり、食べたり、作りかたを教えたりする中で見つけたさまざまな、ほっぺたが落ちそうな味の組み合わせやレシピをご紹介しています。香ばしく甘く、昔ながらなのに新しい、そんな何かがこの本にはあります。

　私の一番の願いは、この本が、読者のみなさんが、家族や友だちといっしょにもちを作るきっかけになることです。もちを作れば、より多くの愛情とつながりが生まれ、たのしい会話で心が満たされ、その上、甘いおもちでおなかがいっぱいになるでしょう。私のもうひとつの願いは、料理を作って食べるという体験を通じて、みなさんの祖先について考え、家族との思い出を作るきっかけにしてほしいということ。そして最後の願いは、この本のレシピを楽しんだら、レシピを発展させたり、改善して自分だけのレシピを作ってほしいということです。

　もちも人生も愛情も、可能性は無限大！

1

もち作りの基本

もちは、日本はもとより世界中の家庭で昔から作られてきたものです。なので、専用の道具を用意する必要はありません。手順をスムーズにするための道具を買うのもよいですが、最初のうちは、すでに手元にあるキッチン用品を使ったレシピを試してみるのをおすすめします。道具とは別に、「もち粉」（もち米の粉）といった材料は、お近くの食料品店やアジアンマーケット、オンラインショップなどで簡単に見つかります。この章ではざっと、私がいつも使っている5つのもちメイキングのやりかたと、完成したもちを仕上げるデコレーションの方法や、いくつかのコツを見ていきましょう。

材料

もちは、もち米（ついたもちの場合）か、もち粉、水、砂糖（お菓子の場合）から作ります。古くからおなじみの小豆あんから、最新のトリュフチョコあんまで、いろんなあんこを入れることもできます。

豆のあんこ

● 小豆あん

つぶあんやこしあんには、甘くした小豆が使われています。英語では、「azuki」、「aduki」、「red mung beans」などと表記されます。あんこは素朴な味の中に自然な甘さがあり、もちの中に詰めるのにとても向いています。小豆はマメ科の中でも、タンパク質がもっとも多く、脂肪分がもっとも少ない豆です。ほかにカリウムや食物繊維、ビタミンB群、鉄や亜鉛などのミネラルが豊富に含まれています。生小豆や、乾燥小豆はお近くのアジア食料品店の乾燥豆売り場か、オンラインショップでみつけることができるでしょう*。

● 白あん

大小の白インゲン豆（白花豆としても知られています）、砂糖、水を使った甘くて白いあんこです。「白あん」は市販されていますが、なかなか手に入りません。066ページのレシピを見て作ってください。

● つぶあんとこしあん

「つぶあん」は小豆を粗くつぶしたあんこで、「こしあん」はなめらかにしたあんこです。市販のあんはアジア食料品店*で買えますが、自分で作ってもよいでしょう。あんこの材料は、小豆、砂糖、水とシンプルです。つぶあんの場合は、小豆をゆでてから、こし器でこさずに砂糖と水といっしょにつぶします。つぶしただけの甘くてしっかりとした口ざわりが、たくさんのもち愛好家に愛されています。私を含め、つぶあんの食感をもちにあわせるのが好きな人も多いです。こしあんもゆでた小豆が使われていますが、目の細かいザルや裏ごし器でこしたあとに砂糖を加えます。すると、なめらかでビロードのような口ざわりとなります。

*訳注：日本ではスーパーや食料品店で購入できます。

つぶあん

白あん

小豆

こしあん

もち米ともち米粉

●もち米

もちのねばり気は、まさにこの米が作り出しています。日本では「もち米」、アメリカでは「sweet rice」や「sticky rice」と呼ばれています。日本のもち米は短粒米で、日本で普段食べられているうるち米よりも白く不透明です。炊きあがったお米をつくと、ねばり気をだしてくっつきはじめ、大きなかたまりとなります。お正月になると、ほとんどのアジア食料品で売られる、伝統的な手作り（あるいは機械づき）のつきたてもちには、このタイプのもち米が使われています。

●切りもち

この本のレシピのいくつかでは、家でついたもちか、四角くカットされた市販の「切りもち」を使います。切りもちは、しょう油を塗った焼きもち（122ページ）や、ベーコン巻きもち（124ページ）など、そのままのもちが必要なときに便利です。切りもちは、四角く切られた形で個々に包装されたものが、日本食料品店やオンラインショップで売られています。切りもちの代わりに、発芽米もちを使うこともできます。

●もち粉

もち粉は文字通り、もち米の粉です。もち粉は、もち米を生のまま粉にしたものです。私のお気に入りのもち粉は、日系三世の家族がカリフォルニアで運営している農場のブランド、幸田農場のものです。もち粉は、ふつうの大福もちを作るのに最適な材料です。アメリカのアジア食料品店やオンラインショップなら、どこでも見つけることができます。

日本の読者へ

日本の食料品店では、もち粉よりも白玉粉やだんご粉のほうが入手しやすいかもしれません。白玉粉はもち米からできており、もち粉とほぼ同じように使えます。だんご粉にはうるち米が含まれており、もち粉や白玉粉に比べて弾力のあるあっさりとした食感になります。131ページからのおだんごのレシピはだんご粉で代用できます。

もち粉

もち米

トッピングとフレーバー

●抹茶

高級緑茶をすりつぶして粉にしたもので、茶道用と料理用の2つの種類があります。料理用の抹茶は、茶道用のものより鮮やかな緑色ではないですが、もっと強くて苦く、草っぽい味がします。料理用の抹茶は安くてすべてのレシピに使えますが、抹茶ソース（179ページ）や、「あんみつ」用の抹茶寒天ゼリー（145ページ）など、抹茶の味と輝くような緑色が必要となるレシピでは、茶道用の抹茶を使うことをおすすめします。アメリカで評判のよい抹茶のブランドは、前田園やマッチャ ラブ（Matcha Love）、宇治市（抹茶の産地として知られる町）の抹茶などです。

●ヨモギ

これは、日本の「ヨモギ」を乾燥させ、粉にしたものです。味は少し抹茶に似ていますが、もう少し素朴なハーブの味をしています。新鮮なヨモギはアメリカでは簡単には見つかりませんが、乾燥させたものであれば、日本食料品店かオンラインショップで手に入ります*。ヨモギ入りのおもちは、「きな粉」との相性がばつぐんです。

*訳注：日本の郊外であれば道端や公園によく生えています。乾燥ヨモギはオンラインショップで購入できます。

●きな粉

英語で「yellow flour」と訳される「きな粉」は、炒った大豆をそのまま細かくひいて粉にしたものです。もち生地をきな粉の上で転がすと、多くの人が大好きな美しい黄金色になり、素朴で香ばしいピーナツバターのような風味になります。きな粉は、日本あるいは韓国食料品店か、オンラインショップにあるでしょう*。

*訳注：日本ではスーパーや食料品店で購入できます。

●ごま

もちを香ばしく、おいしくするごまは、トッピングにも使えます。もちをそのまま水につけ、余分な水を落としてから黒ごまや白ごま、その2つを混ぜたものをたっぷり入れたボウルに入れます。もちをボウルの中で転がし、余分なごまを落とせば、特別で伝統的なスタイルのおもちのできあがりです。

抹茶

きな粉

よもぎ

ゴマ

● 片栗粉

日本のデンプンの粉で、もちを整えるときに大きなかたまりが手やまな板にくっつくのを防ぐために打ち粉にしたり、もちにまぶして使います。「片栗粉」を使うとまた、ひとつひとつのもちの形を簡単に整えることができるようになります。片栗粉は、かつてはカタクリの根から作られていましたが、最近はじゃがいもから作られています。アメリカ製のデンプン粉では、片栗粉の代わりにはなりません。もし片栗粉が見つからなければ、コーンスターチを使ってください。

● 寒天／アガーパウダー

日本のゼリーの一種である「かんてん」を作るのに欠かせない材料です。寒天は材料の名前ですが、日本では、それを使ったゼリーの名前にもなっています。ほとんどの和菓子では、ゼラチンでできたゼリーミックスではなく、粉寒天や棒寒天、アガーを使います。ゼラチンとは異なり、寒天は完全に植物性です。また、味がなく半透明です。またゼラチンとは違って、常温で固めることができ、より固い食感となります。

● コーンスターチ

片栗粉の代わりに打ち粉として使います。コーンスターチは、アメリカの食料品店ならどこでも売られています。片栗粉ほど細かい粉ではないですが、それでもよい働きをしてくれます。コーンスターチのほうが片栗粉よりも、もちのしめり気とねばりを抑えて扱いやすく、また手軽に手に入るので、私は片栗粉よりコーンスターチをよく使っています。

道具

● 大き目の蒸し器

もち作りには、一般的な蒸し器が使えるので、本格的な道具は必要ありません。私たちは、ステンレスの蒸し器を使っていました。これは、底の部分がナベで、その上に穴空きのバスケットを重ねた2層構造になっており、一番上にフタをして蒸気を閉じ込める構造です。蒸し器は近所のアジア食料品店やホームセンターで買えますが、基本的にどんな蒸し器を使っても、蒸しもちを作ることができます。

● 約90センチ四方の
目の詰まった木綿の白ふきん

ふきんは、もちを蒸すときに使います。蒸し器の上にかけて、もち生地の上に蒸気の水滴が落ちないようにします。ガーゼや蒸し布のような目の粗い布では、もち生地を扱うのに向いていません。生地屋や台所用品店で、モスリンや晒(さらし)のような木綿布を買ってきて作ることもできます。

● 食品用使い捨て手袋

もちは、まだ熱いうちにわけたほうが形を整えやすいので、ビニール、ポリエチレン、ニトリル製の(ラテックスではないもの)食品用手袋を使うと、もちをすぐに蒸し器や電子レンジから取り出して作業することができて便利です。熱いもちを扱うときには、粉なしの食品用のビニール手袋を使うことが大事です。

● 大きくて丈夫な、
できれば木製のまな板

もちを蒸すときは、大量に(25個から30個ほど)作ることが多いので、大きなまな板が必要になります。木製のまな板がベストですが、すでに丈夫で耐熱性のあるプラスチック製のまな板を持っているのなら、それでかまいません。

●大きな木製、
または金属製ボウル

炊きあがったもち米をつくための大きなボウルが必要です。伝統的な「もちつき」の行事では「臼」と呼ばれる重たい巨大な木の器を使いますが、大きな金属製あるいは木製のボウルがあればじゅうぶんです。

●料理用のプラスチック
ハンマーか木づち、あるいは
パドルパーツ（かくはん羽根）が
ついたスタンドミキサー

もし、伝統的な方法でもちを作るなら、もちをつく道具が必要になります。化学処理がされていないハンマーを使うことが重要で、特に木製ではないハンマーは料理には使えないことがあるので注意してください。もしハンマーを持っていないなら、パドルパーツ（かくはん羽根）を付けたスタンドミキサーを使うと簡単にもちをつくことができます。

●泡立て器

蒸したり電子レンジにかけたりする前に、もち粉や砂糖、水を混ぜ合わせるのにとてもよい道具です。

●料理用の刷毛

できあがったもちから余分なコーンスターチや片栗粉を落とすのに使います。ふつうの家庭にある料理用の刷毛に勝るものはありません。

●ベーキング用ペーパーカップ
（普通のサイズ）

カップケーキ用のペーパーカップは、できあがったもちをお互いがくっつかないように入れておくのにちょうどいい容器です。また、できあがったもちをプレゼントやパーティのデコレーションに使えるような、ステキでかわいい姿に仕上げてくれます。

手順

おもちは、シンプルなのに何にでも使える食材で、さまざまな用途で使えます。この章で紹介する5つのもち作りの方法は、本書の後半でもそれぞれのもち料理の作りかたとともに手順入りで詳しく解説しています。

蒸したもち

蒸したもちは、もち粉、水、砂糖、フレーバーから作ります。もちを蒸したら、小分けにして丸めたり、あんを包んだりします。混ぜたり、蒸したりするのにはそれほど技術は必要ありませんが、蒸したてのもちを扱うときには、ちょっとしたテクニックが必要です。もちは、たいていはまるでマクラのように扱いやすい生き物ですが、凶悪なるモンスターになることだってあるのです！ もちを丸めたり、折りたたんだりするときに、じゅうぶんな片栗粉やコーンスターチを使わないと、も

ちは手やまな板にくっつき、盛りつけはほとんどできなくなってしまいます。でも、恐れることはありません。2章では、もちの扱い方を写真でお見せします。それを見たらすぐに、もちマスターへの道に歩み出せるはず。

電子レンジもち

もちを料理するには、電子レンジを使うのが一番手っ取り早い方法です。ひとまとまりのもちを電子レンジで調理するのは10分でできますが、蒸す場合は40分かかり、つく場合はもっと時間がかかります。何度も試して練習し、いろんな人に教えてみて、蒸したもちは、電子レンジで調理したもちより、ほんの少し柔らかいということに気づきましたが、ざっくり言ってそんなに大きな違いはありません。電子レンジで作ったもちは、調理の前に少し水分を加えてあげると柔らかくなります。調理したあとにさらに木づ

ちで叩いたり、しゃもじで混ぜたりすれば、さらに柔らかくなります。家族や友だちのためにデザートを手早く作りたいときは、私はたいてい電子レンジでもちを調理します。たとえば、ポットラックパーティー（持ち寄りパーティー）などでは、とても喜ばれます。もしみなさんが私のようにせっかちなら、2章で詳しくご紹介しているこの方法を強くおすすめします。

杵つきもち

手でついたもちは、おもちの中でも伝統的なもので、おもにお正月に食べます。昔ながらのもちつきは、「杵」（大きな木づち）で、もち米を大きなまとまりになるまで打ちつけます（117ページのコラムで詳しく触れています）。杵がないときには、工具屋やオンラインショップで料理に使えるようなハンマーを探してもよいでしょう。最初にもち米を炊き、次に、それを木製か金属製のボウルに入れてつきます。日本製のもちつき機は、蒸すこともつくこともできるので、代わりに買ってもよいでしょう。この機械は、しょう油の焼きもち（122ページ）で使うような、プレーンなもちを大量に作るときに便利です。このようなもちについては、4章で紹介しています。

伝統的なもち

　ついたもちは、もち粉で作るお菓子のもちより、ねばり気があってモチモチした食感です。お正月には、私の母と、母の友だちのエミコさんは、このようなおもちを、鶏ガラスープと「ダシ」、シイタケ、鶏肉、大根、人参、しょう油を合わせたあっさりした「お雑煮」（私の作りかたは127ページにあります）のために用意します。つきたての大きなもちのまとまりを、沸騰した熱湯で温め直し、お椀に入れたスープに入れます。スープの中で少しずつ柔らかくなっていくおもちは、とてもおいしそうです。おはしでもちをひと切れ持ち上げると、できた

市販のもち

てのピザからモッツアレラチーズが伸びるように、おもちが伸びるのです。あっさりとして、風味豊かな鶏ダシと、もっちりした伸びやかなおもちの組み合わせは絶品です。

ゆでたもち

ゆでたおもちは、クシに刺してタレをたっぷりかけたみたらしだんご（136ページ）のような、おだんご料理に使います。また、丸めたおだんごを、あんこをお湯で伸ばしたスープに入れて食べることもあります。おだんごの楽しさについては、6章で触れています。

ベイクドもち

日本では、ベイクドもちはあまりなじみがありません。日本の家庭のキッチンのほとんどは、オーブンが備え付けられていないので、焼き菓子は近所の洋菓子店で買うことが多く、あまりベイクド料理を作らないのです。世界中の同じような料理にヒントを得た、ベイクドもちアレンジについては、ハワイが最前線といえるでしょう。例えば「チチだんご」はハワイで人気のあるベイクドもち料理です。ベイクドもちは、おもちの柔軟性を示すよい例だと思います。蒸したり、ついたりするだけでなく、もちにさまざまなフレーバーや牛乳やタマゴ、油脂を混ぜて焼き、もちケーキやブラウニーなどにすることができます。7章では、このようなベイクドもちについて、たくさんご紹介しています。

栗まんじゅう
（→151ページ）

大福もちの
生地

大福もちは、甘いあんが入っているもちのことで
す。「大福」とは文字通り「大きな福」という意味
ですが、それは、このおもちを贈る人にも、受け取
る人にも幸せをもたらすと言われているからです。
この章では、大福の中のあんこではなく、外側を
包んでいるもちについて紹介します。もちが温か
いうちにあんこを包まなくてはいけないので、も
ち生地を作る前に、あんこ（3章参照）を用意して
おく必要があります。もち生地を作るには、電子
レンジか蒸し器が必要です*。

* 原注：この本で紹介している電子レンジで作る大福もちは、電子レン
　ジの代わりに蒸し器でも作ることができます。材料の比率も同じです。

大福 Q & A

Q. 大福もちにあんこは必要？

A. はい。大福もちはすべて、なにかしら甘いあんが入っています。大福もちの味は、外側のもちの皮ではなく、主にあんによるものなので、あんは欠かせません。

Q. 蒸したもちと電子レンジで作ったもちに違いはある？

A. はい。電子レンジで作るもちは、電子レンジの中で水が蒸発するので、蒸したもちより歯ごたえがあり、しっかりしています。蒸したもちは、水分が残っているので少し柔らかくなりますが、正直、その違いはわずかです。電子レンジもちは手早く作れて扱いやすく、あと片づけも簡単なので、母も私も時間がないときは電子レンジを使っています。一度に25個、といった大量のもちを作るときには、蒸すのがよいでしょう。電子レンジは、もち粉2カップまでの少量のもちを作るのに向いています。

Q. もちは、作業するときに温かいほうがよいですか？

A. はい。もちは冷めると固くなりしなやかさを失うため、もちの中にあんこを包むのが大変になります。加熱後、まだもちが温かい10分から15分のうちに、あんこを入れなくてはいけません。でも、手をやけどしたくない、と思うでしょうね。それを解決するためには、ビニール手袋を着けるか、もちが冷めるまで5分ほど待ってから、小さく分けてあんこを包んでいきます。

Q. 大福もちにあんこを 入れるのは大変？

A. これは難しい質問ですね。もちにあんこを入れるのは、最初は少し練習が必要で、始めたばかりのときは、手早くできないかもしれません。でも、2、3回もちを作るうちに、簡単にできるようになります。手になじむやり方があるので、自分なりのコツをつかめばどんどん手早くなるでしょう。この本では、最初にあんこを詰める方法を1つ紹介します。それを覚えたら自分のやり方を試してみてください。

Q. もちはどのくらいの 大きさにすればいいの？

A. それはあなた次第です。食べやすい小さなもちを作りたいかもしれません。ふつうは、直径6センチから8センチぐらいのもちを作ります。最初のうちは、もちの大きさをそろえるのは難しいかもしれません。ベテランもちメイカーでも難しいです。でも、練習して体で覚えていくうちに、どのもちも同じ大きさ、同じ見た目にそろってくるでしょう。

蒸し白大福

蒸した大福もちは、一般的に伝統的な和菓子屋さんで売られています。
あんこは、小豆のあんこや白あん（064ページと066ページ）、抹茶トリュフ（086ページ）、
チョコとピーナツバター（083ページ）など、どんなものでも可能性は無限大です！
調理には、二層式のアジアの蒸し器、約90センチ四方の
目の詰まった木綿のふきん（026ページ）が必要です。

材料（4人分）

- もち粉：3カップ
- 砂糖：1½カップ
- 抹茶やローズウォーターなどのお好みのフレーバー：小さじ3
- 水：3カップ
- 打ち粉用コーンスターチまたは片栗粉：2カップ
- お好みのあん：1カップ

NOTE
別の味を作るには、もち生地に小さじ3杯の抹茶、または粉や液体のフレーバーを加えます。

できあがり
24個

作りかた

1. 蒸し器の下のナベに、半分つかるくらいの水を入れます（上の蒸し器の底に水が当たらないように気をつけてください）。水を中火で沸騰させます。

2. 水が沸騰したら、もち粉と砂糖、抹茶などの粉類を泡立て器かヘラでしっかりなじむまで1分ほど混ぜます。水や液体のフレーバーを加え、さらに混ぜます。パンケーキ生地のようにダマがなくなるまで、なめらかにします。

3. 水でぬらした木綿をかたくしぼり、蒸し器の皿にかけます。布（**3A**）の上に混ぜたもち生地を流し込みます。蒸し器のフタをしめ、余った布を蒸し器のフタの上に折りたたんで、ナベの横にたれないようにします（**3B**）。

4. もちが厚く固まり、全体的に透明感がでて布がはがれやすい状態になるまで、中火で25分から40分蒸します。必要に応じて蒸し器に熱湯を足します。ヘラで混ぜて、もちができたか確認します。すべてが均一な色とやわらかさになっていれば、完成です。

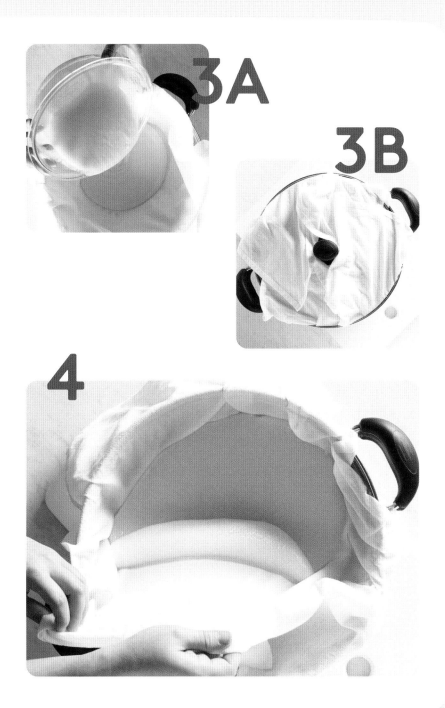

5. 大きなまな板に½カップのコーンスターチを広げます。もち生地を置く中央には、しっかり粉をかけてください。もちが蒸しあがったら、蒸し器の布の端をつかんで持ち上げ、まな板に運びます。布からもちをはがし、まな板の真ん中に置きます。もちは簡単に布からはがれます。もしはがれなければ、ヘラで布からはがし、まな板にのせてください。そのまま5分ほど冷まします。

6. 手にコーンスターチをたっぷりつけます。もちがまだ熱かったら、コーンスターチをつける前に手袋をはめてもいいでしょう。もちのかたまりにたっぷりコーンスターチをふりかけます。注意深くもちの片側から下に手を差し込んで、まな板の上を転がし、もち全体にコーンスターチをまぶします。

7. もちを約10〜12センチ幅の丸太状にまとめます。利き手ではないほうの手（字を書く手ではないほう）の人差し指と親指で輪を作り、もちをゴルフボール大につまみます。同時に、かたまりからつまみだしたもちを、利き手で切り取ります。

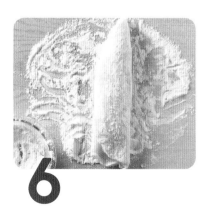

8. 取り分けた小さなかたまりにコーンスターチをまぶし、まな板に置きます。全部のかたまりが終わるまでくりかえします。

9. 040ページからの説明に従って、それぞれのもちであんこを包みます。

10. お皿にコーンスターチをまぶすか、ベーキング用ペーパーカップを24個用意します。手のひらでもちを転がしてから、コーンスターチをまぶしたお皿か、ペーパーカップに置きます。そのまますぐに食べるか、常温保存なら1日以内、密閉容器に入れて冷凍保存するのであれば、1カ月以内に食べ切ります（食べる前に3時間程度、冷蔵庫で解凍してください）。

あんこの包み方

1 もちを約2センチの厚さがある平たい丸にします。

2 小さじ山盛り一杯のあんこをもちの真ん中に置きます。

3 手にコーンスターチをまぶし、丸くしたもちの3時と9時にあたる場所から、端をつまんであんこを覆い、両側がくっつくようにしっかりつまみます。

4 反対側の12時と6時の場所からもつまみ、ゆるく包みます。

5 最後に、全部のすみをつまんでもちの真ん中で合わせ、それぞれがくっつくようにしっかりつまみます。

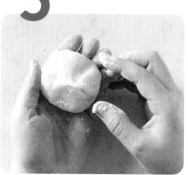

6 もちをひっくり返して、余分なコーンスターチを払います。残りのもちも同じようにします。がんばって！

レンジ白大福

この作りかたは、最初から最後までたった15分から20分でできる上に、
おいしさは蒸したもち生地と変わらないので、私のお気に入りです。
急いでいるときに、母と私がいつも作る定番レシピです。
中に入れるあんには、小豆あん（064ページ）や、トリュフチョコあん（084ページ）、
生の果物などが向いています。あんこやトリュフを中に入れるときは、
あんをあらかじめ約2.5センチのボールに丸めておくと扱いやすくなります。
分量はそのまま倍にして作ることもできます。その場合は、ステップ2と4の
電子レンジの加熱時間をそれぞれ4分ずつ増やしてください。

材料

- もち粉：1カップ
- 砂糖：½カップ
- 水：1¼カップ
- 打ち粉用コーンスターチ
  または片栗粉：½カップ
- お好きなあんこ：
  ½カップ

できあがり
5～7個

作りかた

1. もち粉と砂糖を電子レンジ用ボウルに入れ、泡立て器で混ぜます。水を入れ、すべてがしっかりなじむまで混ぜます。パンケーキ生地のようにダマがなくなり、なめらかになるまで混ぜてください。

2. 600Wの電子レンジで、ラップをせずに4分加熱します。

3. ヘラを水にぬらして、もち生地を混ぜます。もち生地は、もったりとねばり気が出て、半透明になるくらいまで混ぜてください。もち生地がおなじように温まり、すべてがおなじ色になるまで混ぜます。

4. 混ぜたものを、さらに電子レンジで4分加熱します。

5. 電子レンジから、混ぜたもちを取り出し、ヘラでよく混ぜます。

6. 大きなまな板にコーンスターチを広げます。もち生地を置く中央には、しっかり粉をかけてください。もち生地をまな板の真ん中に置き、5分冷まします。

7. もちにコーンスターチを軽くふります。注意深くもちを転がし、幅8センチ、長さ25センチの丸太状にまとめます。もちのまわりをコーンスターチでじゅうぶんにまぶします。もちがまだ熱いようであれば、手袋をはめるか、さらに5分冷まします。もちのかたまりを使いきるまで、ゴルフボール大にもちをつまみとり、適量のコーンスターチをそれぞれのもちにまぶしてください。

8. それぞれのもちに用意しておいたあんこを包みます（040ページの「あんこの包みかた」を参照）。お皿にコーンスターチをまぶすか、ベーキング用ペーパーカップを5〜7個用意します。何度かもちを手で丸め、コーンスターチをまぶしたお皿かペーパーカップに置きます。そのまますぐに食べるか、常温保存なら1日以内、密閉容器に入れて冷凍保存するのであれば、1カ月以内に食べ切ります（食べる前に3時間程度、冷蔵庫で解凍してください）。

ヌテラとイチゴのもち

必要な材料はたったの4つ。ヌテラスプレッド、イチゴ、砂糖、そしてもち粉！
あんだけではなく、外側のもち生地にもヌテラを練り込み、チョコとヘーゼルナッツの
風味が広がります。イチゴがさわやかさを添え、またほどよい酸味がヌテラの甘さを
おさえてくれますが、お好みでイチゴを使わなくても大丈夫です。

材料

- もち粉：1カップ
- 水：1カップ
- 常温のヌテラ：¼カップ
- 打ち粉用コーンスターチ
  または片栗粉：適量
- 冷蔵したヌテラ：
  350グラム
- イチゴ（厚さ1センチの輪切り
  にする）：10枚

NOTE

作業の前にヌテラを最
低3時間、冷蔵庫で冷や
しておく必要があります。
そうしないと、すくっても
ちに入れるには、ねばり
気が強すぎてしまいます。

できあがり
10個

作りかた

1. 電子レンジ用ボウルに、もち粉と水、常温のヌテラスプレッド½カップを入れ、完全に混ざるまでかき混ぜます。

2. フタをせずに電子レンジに入れ、600Wで4分間加熱します。ナベつかみ（熱いので注意！）を使って、電子レンジから取り出し、まんべんなくねばり気がでるまで混ぜます。もう一度、電子レンジで4分ほど加熱し、さらに均一になめらかになるまで混ぜます。

3. コーンスターチをまな板にたっぷりふりかけて、もちをまな板に取り出します。手にもコーンスターチをまぶして、8センチ幅の丸太状にまとめ、もちのまわりにコーンスターチをたっぷりふりかけてください。そのまま5分冷まします。もちがまだ熱いようであれば、手袋をはめるか、さらに5分冷まします。もちのかたまりから10個をつまみとり、それぞれのもちを平らにして、厚さ1センチの円盤状にします。

4. 1つずつ成型していきます。円盤状にしたもちに輪切りにしたイチゴをのせ、さらに、イチゴの上に冷やした小さじ½のヌテラをのせます。もちをつまみ合わせて閉じ、ひっくりかえして手のひらで丸めます。残りのもちも同じようにイチゴとヌテラを包みます。そのまますぐに食べるか、常温保存なら1日以内に食べ切りましょう。

抹茶もち

抹茶もちは、私のもち教室でも大人気で、
参加者のほとんどがお気に入りだと言っています。
抹茶は、日本製の前田園やマッチャラブ（matcha LOVE）*のような、
信頼できるメーカーの有機抹茶を使うことをおすすめします。
小豆あん（064ページ）を、新鮮な果物か抹茶アイスといっしょに、
または、そのまま包んでみてください。あんこかトリュフを中に入れるときは、
あらかじめあんを2.5センチのボールに丸めておくと扱いやすくなります。
そのまま倍量でも作れますが、そのときはステップ2と4の電子レンジの過熱時間を
それぞれ4分ずつ増やしてください。

* 訳注：matcha LOVE は、伊藤園米国法人がアメリカで展開しているブランドです。
日本では、お好みの抹茶を使うとよいでしょう。

材料

- もち粉：1カップ
- 砂糖：½カップ
- ふるいにかけた
  良質の抹茶：小さじ1
- 水：1¼カップ
- 打ち粉用コーンスターチ
  または片栗粉：1カップ
- お好きなあんこ：
  ½カップ

できあがり
7〜8個

作りかた

1. もち粉と砂糖、抹茶を電子レンジ用ボウルに入れ、泡立て器で混ぜます。水を入れ、すべてがしっかりとまざるまで混ぜます。パンケーキ生地のようにダマがなくなり、なめらかになるようにしてください。

2. 600Wの電子レンジでラップをせずに4分加熱します。

3. ヘラを水にぬらし、もち生地を混ぜます。もち生地は、もったりとねばり気が出て、半透明になるまで混ぜてください。もち生地が均一に温まり、全体が同じ色になるまで混ぜます。

4. さらに電子レンジで4分加熱します。電子レンジから取り出したら、ヘラでよくかき混ぜます。

5. 大きなまな板に⅓カップのコーンスターチを広げます。もち生地を置く中央には、しっかり粉をかけてください。もち生地をまな板の真ん中に置き、5分冷まします。

6. もちにコーンスターチを軽くふります。注意深くもちを転がし、幅8センチ、長さ25センチくらいの棒状にまとめます。もちのまわりをコーンスターチでじゅうぶんに覆います。もちがまだ熱いようであれば、手袋をはめるか、さらに5分冷まします。もちのかたまりを使いきるまで、ゴルフボール大にもちをつまみとり、適量のコーンスターチをそれぞれのもちにまぶします。

7. 用意したあんこをそれぞれのもちで包みます（040ページの「あんこの包みかた」を参照）。そのまますぐに食べるか、常温保存なら1日以内、冷凍保存であれば1カ月以内に食べ切ります（食べる前に3時間程度、冷蔵庫で解凍してください）。

[応用]

よもぎもちにするには、抹茶の代わりに小さじ2のよもぎパウダーを、コーンスターチの代わりにきな粉を使います。

チョコもち

チョコレートのようにとっても柔らかいチョコもちは、
小豆あんや白あん（064ページと066ページ）、チョコとピーナツバター（083ページ）、
ヌテラやトリュフチョコ（084ページ）など、どんなあんこにもぴったりの皮になります。
材料はもち粉とチョコチップだけなので、作るのは簡単です。あんこかトリュフを
中に入れるときは、あらかじめ2.5センチのボールに丸めておくと
扱いやすくなります。材料を倍にしても作れますが、そのときはステップ2と4の
電子レンジにかける時間を、それぞれ4分ずつ増やしてください。

材料

- もち粉：1カップ
- 砂糖：½カップ
- ミルクチョコチップ：
  ½カップ
- 水：1¼カップ
- 打ち粉用コーンスターチ
  または片栗粉：適量
- お好きなあんこ：
  ½カップ
- もちにかける
  ココアパウダー（お好みで）

できあがり
7~8個

作りかた

1. もち粉と砂糖、チョコチップを電子レンジ用ボウルに入れ、泡立て器で混ぜます。水を入れ、もち粉がなめらかになるまで混ぜます。チョコのかたまりができても電子レンジで溶けるので大丈夫です。

2. 600Wの電子レンジで、ラップをせずに4分加熱します。

3. ヘラを水にぬらして、もち生地全体が均一になるまで折りたたむように混ぜます。もち生地がムラなく同じ色になるまでよく混ぜてください。

4. さらに電子レンジで4分加熱します。電子レンジから混ぜたもちを取り出し、ヘラでよく混ぜます。

5. まな板にコーンスターチをたっぷりふりかけて、手で軽く広げます。もちをまな板に置き、もちのかたまりにじゅうぶんにコーンスターチをふり、5分冷まします。

6. もちにコーンスターチを軽くふります。注意深くもちを転がし、幅8センチ、長さ25センチの丸太状にまとめます。もちのまわりにコーンスターチをじゅうぶんにまぶします。もちがまだ熱いようであれば、手袋をはめるか、さらに5分冷まします。もちのかたまりを使いきるまで、ゴルフボール大のもちをつまみとり、適量のコーンスターチをそれぞれのもちにまぶします。

7. もちをすべて取り分けたら、用意したあんこをそれぞれのもちで包みます。そのまますぐに食べるか、常温保存なら1日以内、冷凍保存であれば1カ月以内に食べ切りましょう（食べる前に、3時間程度、冷蔵庫で解凍してください）。

［応用］

チョコチップの代わりに、小さじ2杯のバニラエキストラクトを入れると、バニラもちになります。お好みで抹茶トリュフあん（086ページ）を包んでみてください。

梅酒もち

このもちは、梅酒のおいしい甘い風味がついているのに、アルコールが調理によって
抜けているため、淡いピンクのもちに、梅酒の味がついている特別な一品となりました。
このもちのあんには、小豆あん（064ページ）がおすすめです。
あんこかトリュフを中に入れるときは、あらかじめ中身を2.5センチの
ボールに丸めておくと扱いやすくなります。倍量でも作れますが、そのときは
ステップ2と4の電子レンジにかける時間を、それぞれ4分ずつ増やしてください。

材料

- もち粉：1カップ
- 砂糖：½カップ
- 梅酒：¾カップ
  （NOTE参照）
- 水：⅓カップ
- 打ち粉用コーンスターチ
  または片栗粉：½カップ
- お好みのあんこ：
  ½カップ

NOTE

白鶴かキッコーマンの梅
酒が最適です*。
*訳注：日本ではお好みの
梅酒を使うとよいでしょう。

できあがり
7~8個

作りかた

1. もち粉と砂糖を電子レンジ用のボウルに入れ、泡立て
   器で混ぜます。梅酒と水を入れ、ダマが残らないように
   しっかりと混ぜます。

2. 600Wの電子レンジで、ラップをせずに4分加熱します。

3. ヘラを水にぬらして、もち生地を混ぜます。もち生地は、
   もったりとねばり気が出て、半透明になるくらいまで混
   ぜてください。もち生地が均一に温まり、全体が同じ色
   になるまで混ぜます。

4. さらに電子レンジで4分加熱して、ヘラでよく混ぜます。

5. まな板にコーンスターチをたっぷりふりかけて、手で
   軽く広げます。もちをまな板に置き、もちのかたまりに
   コーンスターチをたっぷりふりかけて、5分冷まします。

6. もちにコーンスターチを軽くふります。注意深くもちを
転がし、幅8センチ、長さ25センチの丸太状にまとめま
す。もちのまわりをコーンスターチでじゅうぶんにまぶ
します。もちがまだ熱いようであれば、手袋をはめるか、
さらに5分冷まします。もちのかたまりを使いきるまで、
ゴルフボール大にもちをつまみ取ってください。

7. 用意したあんこをそれぞれのもちで包みます。そのま
ますぐに食べるか、常温保存なら1日以内、冷凍保存
であれば1カ月以内に食べ切ります（食べる前に3時
間程度、冷蔵庫で解凍してください）。

ローズウォーターもち

私は、お菓子にローズウォーターの繊細な香りをつけるのが大好きです。
素朴な小豆あんにローズウォーターはよくあうので、私の教室でとても人気がある
レシピです。ローズウォーターは、香りが強いときがあるので、
最初は少量にして、お好みに合わせて少しずつ試してみてください*。
あんには、甘い白あん（066ページ）に小さじ½のローズウォーターを混ぜたものや、
イチゴローズトリュフあん（090ページ）、イチゴを添えた甘い小豆あん（064ページ）や、
ホワイトチョコチップにイチゴを添えたものがおすすめです。

* 訳注：ローズウォーターは、富澤商店など製菓用品店で購入できます。

材料

- もち粉：1カップ
- 砂糖：½カップ
- 水：1¼カップ
- ローズウォーター
  （コルタスのものなど）：
  小さじ1
- 食紅（液体）1滴、
  または食用ビーツ粉末：
  小さじ¼
- 打ち粉用コーンスターチ
  または片栗粉：½カップ
- お好きなあんこ：
  ½カップ

できあがり
7~8個

作りかた

1. 大きめの電子レンジ用ボウルにもち粉と砂糖、水、ローズウォーター、食紅を入れ、泡立て器でダマが残らないようにしっかりと混ぜます。

2. 600Wの電子レンジで、ラップをせずに4分加熱します。混ぜたものをしゃもじで2分ほどよく混ぜます。

3. さらに電子レンジで4分加熱し、全体がよくなじむまで混ぜます。不透明だった生地が、混ぜていくうちに透明感のあるピンク色の生地になります。

4. 大きなまな板の真ん中にコーンスターチを広げます。もち生地を置くまな板の中央には、しっかり粉をかけてください。もち生地をまな板の真ん中に取り出し、5分冷まします。

5. もちにコーンスターチを軽くふりかけます。注意深くもちを転がし、幅8センチ、長さ25センチの丸太状にまとめます。もちのまわりにコーンスターチをじゅうぶんまぶします。もちがまだ熱いようであれば、手袋をはめるか、さらに5分冷まします。もちのかたまりを使いきるまで、7〜8個つまみ取り、適量のコーンスターチをそれぞれのもちにまぶしてください。

6. 用意したあんこをそれぞれのもちに入れます（040ページ「あんこの包みかた」を参照）。もちが手につくのを防ぐため、たっぷりコーンスターチを使ってください。そのまますぐに食べるか、常温保存なら1日以内、冷凍保存であれば1カ月以内に食べ切ります（食べる前に、3時間冷蔵庫で解凍してください）。

ココナッツもち

ココナッツもちは、単純においしくてやみつきになります。もしココナッツが苦手でも、
このもちのフレーバーはとってもおすすめです。たいてい私はココナッツもちに
あんこを入れずに食べていますが、もちろん、そのままでもおいしいです。
あんを入れるとしたら、ハウピアプリン（074ページ）、ヌテラや小豆あん（064ページ）が
合うと思います。家族や友だちみんなが次々と手をのばすようなおもちです！

材料

- ココナッツミルクの缶詰：
  400ミリリットル1缶
- もち粉：2カップ
- 砂糖：1カップ
- 水：½カップ
- 打ち粉用コーンスターチ
  または片栗粉：適量
- ハウピアプリンまたは
  お好きなあんこ：1カップ
- トッピング用の無糖の
  ココナッツフレーク
  （お好みで）

できあがり
12～15個

作りかた

1. 大きめの電子レンジ用ボウルにココナッツミルク、もち
   粉、砂糖を入れ混ぜます。絶えず水を加えながら、まん
   べんなく混ぜ、パンケーキ生地のようにダマがなく、なめ
   らかにします。

2. 600Wの電子レンジで、フタをせずに4分加熱し、生地
   がよくなじむまでヘラでよく混ぜます。

3. もちが固くなり、半透明のかたまりになるまで、さらに
   電子レンジで4分くらい加熱します。

4. まな板に¼カップのコーンスターチをふりかけて、手で
   軽く広げます。もちをまな板に取り出して、5分冷まし
   ます。

5. コーンスターチをもちにたっぷりまきます。注意深くも
   ちを転がし、幅8センチ、長さ25センチの丸太状にまと
   めます。もちのまわりにコーンスターチをじゅうぶんに
   まぶします。もちがまだ熱いようであれば、手袋をはめ
   るか、もう5分冷まします。もちのかたまりを使いきるま
   で、ゴルフボール大にもちをつまみ取り、適量のコーン
   スターチをそれぞれのもちにまぶしてください。

6. 作ったもちそれぞれに、四角いハウピアを入れ、つまんで閉じます（040ページの「あんこの包みかた」を参照）。

7. お好みでココナッツもちにトッピングしましょう。ココナッツフレークを中くらいのボウルに入れ、別のボウルに水を入れます。あんを入れたもちを水にくぐらせて表面全体をぬらしたら、ココナッツフレークのボウルにもちを転がし、フレークで覆います。残りのもちも同じようにきれいに仕上げます。

フレッシュマンゴー入り
マンゴーもち

みずみずしく熟したマンゴーは、最高のもちのあんになります。
かぶりつけば、マンゴーの果汁と果肉が飛び出してきます。
甘いマンゴーの味が口の中で広がるように、果肉がたっぷりついて甘く熟した、
でも崩れるほどには熟れていないマンゴーを使ってください。
もしマンゴーがじゅうぶんに甘ければ、あんこは使わなくてもよいでしょう。

材料

- もち粉：1カップ
- 砂糖：¼カップ
- マンゴージュース：
  ¾カップ
- 水：⅓カップ
- 熟した新鮮なマンゴー
  （2.5センチ四方のさいの目に
  カットしておく）
- 小豆あん、または白あん
  （064ページおよび066ページ）：
  ½カップ

できあがり
5~6個

作りかた

1. 電子レンジ用のボウルに、もち粉と砂糖を入れて混ぜ
    ます。マンゴージュースと水を加え、なめらかになるま
    で混ぜます。混ぜたものは、不透明な明るいオレンジ
    色で、パンケーキ生地のようにきめが粗く見えるでしょ
    う。

2. 600Wの電子レンジで、ラップをせずに4分加熱します。
    ヘラでまんべんなく、生地を折りたたむように混ぜます。

3. さらに電子レンジで4分加熱し、全体がなじむまで折り
    たたむように混ぜます。もちはツヤとねばり気のある
    かたまりにまとまってくるでしょう。

4. まな板にコーンスターチを広げます。もちをまな板に取り出し、もちのかたまり全体をおおうように、コーンスターチをまぶします。注意深くもちを転がし、幅8センチ、長さ25センチの丸太状にまとめ、もちのまわりをコーンスターチでじゅうぶんにまぶします。もちがまだ熱いようであれば、手袋を着けるか、さらに5分冷まします。もちのかたまりを使いきるまで直径約5センチにつまみ取ります。

5. それぞれのもちに、マンゴーひとかけと、小さじ1の小豆あんを入れて閉じます。熱いうちに、あるいは常温で冷まして召し上がれ。次の日には果物が傷んでしまうので、このもちはその日のうちに食べるようにしてください。もちが固くなるので、冷蔵保存は避けてください。

フルーツジュース入りもちの作りかた

もちに、パッションフルーツやグアバ、パイナップルなどのフルーツジュースを入れるのは、もちに色つけをしながら、さまざまな味つけをする手軽な方法です。どんなジュースを使う場合でも、下の表の比率にしてください。

	もち粉	砂糖	水	果汁
もち 5〜7個	1カップ	¼カップ	⅓カップ	¾カップ
もち 12〜14個	2カップ	½カップ	⅔カップ	1½カップ
もち 21〜24個	3カップ	¾カップ	1カップ	3カップ

よもぎもち（→048ページ）と
小豆あん（→064ページ）

大福もちに
入れるあん

大福もちの生地を作る前に、あんこを用意しましょう。もち生地がいったん蒸しあげたり、電子レンジで加熱したらすぐに、もちが温かく、柔らかなうちに、あんこを急いで包まないといけないからです。豆のあんこのような昔ながらのあんこは（店で買ったものでないかぎり）、ヌテラや新鮮な果物のような、すぐ用意できる材料より時間がかかります。あんこの種類は、伝統的なものから、日本やアジア、アメリカの風味を現代的にアレンジしたものまでさまざまです。みなさんもぜひ、自分だけのあんこを作ってみてはいかがでしょう。

もちのあんこ

Q. あんこによって、詰めるときに
特別な技術や温度管理が
必要ですか？

A. 必要です。ピーナツバターや小豆あ
んなどは、しっかりとしているので常
温で使えます。しかし、ほかのもの
はすぐに溶けてしまいます。ヌテラ
やジャム、トリュフなどは、冷凍庫か
冷蔵庫であらかじめ冷やしておくと、
使いやすくなります。たとえば、ヌ
テラは常温では液体ですが、冷蔵す
るとピーナツバターのように固くなり
ます。つまり、すくってボールに丸め、
凍らせておくことができます。いろ
いろなあんこをボールにして凍らせ
ておけば、あんを包むときに、より簡
単に、より汚さずにできるようになり
ます。あんを包むときに、溶けて、た
れるのはイヤでしょう？　あんこは製
氷皿で凍らせてもよく、この方法なら
ボールに丸めるよりも簡単です。

Q. この章にあるあんこは、
全部冷凍できますか？

A. プリンと生の果物だけは凍らせない
でください。この2つの具材は冷蔵
できますが、いったん冷凍して熱い
もちの中で溶けると、味が変わって
しまったり、舌ざわりが悪くなってし
まいます。それ以外であれば、豆の
あんも、タロイモあんも、ピーナツバ
ターも、ヌテラやトリュフでも、冷凍
すると使いやすくなります。

Q. もちに入れるときまで、
トリュフは凍らせておいた
ほうがよいですか？

A. あなたの好みによります。もし、熱々
のチョコがにじみでるのが好きなら、
トリュフを凍らせずに、包んだらすぐ
に食べるのをおすすめします。でも、
固いチョコがお好みだったり、でき
あがったものをもう少し保存したい
場合は、冷蔵庫から取り出したボール
のトリュフを熱いもちで包むとよ
いでしょう。包んでいるうちに溶けて
きますが、常温でまた固くなります。

Q. フレーバートリュフには、
どんなホワイトチョコを使うと
よいですか？

A. 質のよいホワイトチョコを使いましょ
う。そうしないとバターと白いミルク
のかたまりが分離して、トリュフがま
とまらなくなります。私は、ギラデリ
（Ghirardelli）のクラシックホワイトベ
イキングチップを使っていますが、ギ
タード（Guittard）のホワイトチョコレー
トチップや、そのほか、品質のよい
ホワイトチョコの板チョコでもいいで
しょう*。もし、板チョコをチョコチップ
の代わりに使うときは、レシピの同じ
重さのチョコを使用してください。

* 訳注：Ghirardelli および Guittard は、アメリカの
老舗のチョコレートブランドです。

Q. いろんなフレーバーの
ホワイトトリュフチョコを
作ってみてもいいですか？

A. 完全にイエス！ さまざまなエキス
トラクトがありますが、私はいままで
アーモンドエキストラクトやバニラエ
キストラクトをトリュフの香りづけに
使ったことがあります（ホワイトチョ
コチップ1カップに付き、どんなエキ
ストラクトでも小さじ½にしてくださ
い）。ラベンダーエキストラクトは、ホ
ワイトチョコトリュフの風味づけに
よく合います。エキストラクトを加え
るときは、抹茶などのほかのフレー
バーを使わず、代わりのエキストラク
トを入れるだけで大丈夫です。

伝統的なあんこ

つぶあんとこしあん
（小豆あん）

小豆のあんこを自分で作るのは、少し時間がかかりますが、思っているよりも
ずっと簡単です。豆をひと晩水につけたあと、よく豆の様子を見ながら作れば、
簡単に小豆あんのかたまりができあがります。こしあんのレシピには、
フードプロセッサーかハンドブレンダーを使います。うらごしをする豆の量によって、
きめの粗いあんこ（つぶあん）か、なめらかなあんこ（こしあん）になります。
豆をひと晩水につける必要があるので、計画を立てて準備しましょう。

材料

- 乾燥小豆：2カップ
- 熱湯：5カップ
- 砂糖：2カップ
- 塩：小さじ¼

できあがり
約 **2½ カップ**
（もち24玉分）

作りかた

1. あんこを作る前の日に、大きな耐熱性のボウルに豆を
   入れ、豆に8センチほどかぶるように熱湯を注ぎます。
   そのままひと晩置きます。

2. 翌日、水を捨て、豆を大きなナベに移します。豆に5セ
   ンチほどかぶるように水を注いでください。そのまま強
   火にかけ、5分間沸騰させます。たくさんの泡が浮かん
   でくるでしょう。

3. 豆をザルかふるいに空けてお湯を捨て、流水ですすぎ
   ます。軽くすすいだナベに豆を戻し、8センチほどかぶ
   る程度の水を注ぎます。フタをして中火で豆をゆでま
   す。ときどき混ぜながら煮立たたせないように、1時間
   ほど煮ます。このとき、少なくとも5センチ、豆に水がか
   ぶっている状態を保ってください。20分おきに2カップ

の水を足すとよいかもしれません。

4. 1時間ゆでたら、フタをとり、強火にします。半分の豆
   の皮が割れて豆のでんぷんで水がにごってくるまで、
   30分ほどゆでます。この間も水を足す必要があります。
   もし豆の皮が割れないときは、さらに30分強火でゆで
   ます。常に5センチほど豆に水がかぶるように足しなが
   ら、ときおりかき混ぜてください。

5. 半分くらいの豆の皮が割れたら、豆の高さに水が減る
   まで煮つめます。簡単に指の腹で豆がつぶせるくらい
   までやわらかく煮てください。ここで、こしあんを作る
   か、つぶあんを作るか決めておきます。

6. つぶあん（粗目）を作る場合は、ゆでた豆を半分くらい、
   マッシャーでつぶします。このとき水は加えません。豆
   がつぶれたらナベに戻します。

7. こしあん（なめらか）を作る場合は、すべての豆をフー
   ドプロセッサーかハンドブレンダーですりつぶして、豆
   をナベに戻します*。
   *訳注：フードプロセッサーやハンドブレンダーがなければ、目の細かい
   ザルや裏ごし器を使ってゆでた豆を裏ごしします。少し手間がかかります
   が、よりなめらかでおいしいこしあんになります。

8. 豆のペーストに砂糖を加え中火で煮て、10分したら火
   を止め、塩を加えて混ぜます。豆は、黒くツヤが出てく
   るはずです。そのまま常温で冷ましてから、冷蔵庫で
   1時間以上冷やします。これであんこができあがりまし
   た！　あんは、密閉容器に入れて、冷蔵で1週間、冷凍
   なら2週間保存できます。

伝統的な白あん
（甘い白豆のあんこ）

白あんは小豆あんに比べると淡白で上品な味わいです。
そのため、どんなエキストラクトやフレーバーでも簡単に味をつけることができ、
さまざまな用途で使えます。白あん作りは少し時間と手間がかかるので、
友だちに手伝ってもらうとよいでしょう。幸いなことに、白あんは手軽に冷凍保存できるので、
これから作るもちのためのあんとして保存しておくことができます。
このおいしいあんこの作りかたは、ベイエリアに住む日系3世のハルコ・ナガイシ
（Haruko Nagaishi）さんが教えてくれたもので、私にとって特別な思い入れがあります。
このレシピは、サンノゼ・ウェスレー・メソジスト教会のレシピ本
（The San Jose Wesley Methodist Church Cookbook）に掲載された
ハルコさんのレシピをもとにしています。
作業を始める前に、フードプロセッサーかハンドブレンダー、目の詰まった
しっかりしたふきんか、モスリンの布地、または白い木綿布を用意してください。
豆をひと晩水につける必要があるので、計画を立てて準備しましょう。

材料

- 大粒、または小粒の乾燥 インゲン豆（NOTE参照）： 500グラム
- 熱湯：5カップ
- 砂糖：2カップ
- ひとつまみの塩

NOTE

大粒のインゲン豆の代わりに小粒の豆を使うと、皮を取り除く必要がないため、作業を早く進めることができます。どちらの豆を使っても、なめらかなあんができあがります。

できあがり

約 2½ カップ
（もち30玉分）

作りかた

1. あんこを作る前日に、大きな耐熱性のボウルに豆を入れ、豆に熱湯が5センチほどかぶるよう注ぎます。そのままひと晩置いてください。

2. 翌日水を捨てて、豆の皮と芽を取ります。ここでは、豆をひとつずつ手作業で処理しないといけません。ひとりでやると1時間ほどかかってしまうので、友だちに手伝ってもらうのがベストでしょう。小粒の豆を使う場合は、皮を取る作業を省略してもかまいません。

3. 豆を大きなナベに移し、豆に5センチほどかぶるように水を注ぎます。そのまま沸騰させてから、お湯を捨てます。この作業をさらに2回くりかえします（これにより、えぐ味の原因となる豆のアクを取り除きます）。

4. 豆が3センチかぶるように水を加えて沸騰させます。沸騰したら火を弱めて、フォークが刺さり、指でつぶれるほどに豆が柔らかくなるまで、かき混ぜながら30〜60分、とろ火で煮ます。この調理時間には幅がありますが、収穫された乾燥豆は、古い乾燥豆よりも早く煮あがります。水が減ってきたら、豆が3センチほどかぶるように水を足してください。

5. 豆を水切りしたら、フードプロセッサーかハンドブレンダーに移し、なめらかになるまですりつぶします。目の細かいこし器にふきんをかけ、ピューレ状の豆をふきんに移します。ふきんをつかんでねじり、ピューレ状の豆から水分をしぼります。力いっぱい水分をしぼりきります。ふきんを開いて、ペーストに指のあとがつくか確認します。指のあとがついたら、水切りは終わりです。ペーストは、マッシュドポテトのような手触りになっているはずです。

6. ペースト状の豆を大きなナベに入れて砂糖と塩を加え、ときおりかき混ぜながら、かたまりが固くなるまで15分から20分とろ火で煮ます。

7. 火からおろして冷まし、直径2.5センチほどのボールに丸めます。冷蔵で4日、冷凍で1カ月保存できます。

[応用]

抹茶味の白あんを作るには、白あん1カップに対し、抹茶小さじ1を加えます。

2種類のイチゴ大福

● まるごとイチゴ

イチゴとあんこは、もちの中に入れるのに人気の組み合わせです。まるごとのイチゴでも、スライスを使ってもよいでしょう。まるごとの場合は、ヘタを取ったイチゴを大さじ1の小豆あんか、白あんで包みます。ヘタをとった部分にはあんこをつけないようにします（035ページの写真を参照）。ていねいに作業しながら、平たくしたもちにイチゴのとがった部分をのせ、もちをつまんでイチゴを包みます。イチゴのヘタを取った切り口のところでもちをとめます。

● スライスイチゴ

スライスしたイチゴは包むのが簡単な上に、とってもかわいくなります。イチゴはヘタをとり、厚さ1.5センチくらいの輪切りにスライスします。輪切りにしたイチゴをもちにのせます。さらに、イチゴの上に直径2.5センチの小豆あんか白あんの玉をのせて、スライスしたイチゴと同じくらいの平らな円形になるよう少し押しつぶします（下の写真参照）。もちをあんこの上までつまんで包みます。さあ召し上がれ！

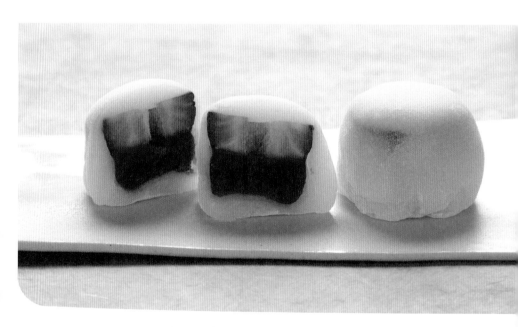

モダンあんこ

バニラカスタードあん

バニラカスタードあんは、手軽に作れておいしく、いろいろな味のもちに使えるあんです。
カスタードを固めに作れば、もちで包むのは簡単ながら、
熱いもちで温められて柔らかくなります。プリンのような舌触りで、
ほんのりバニラの味がこってりクリーミーでおいしいです！
このカスタードは私の友だちで「エリズ・ベーカリー（Eri's Bakery / erisbakery.com）」
のエリ・コームス（Eri Combs）さんが愛情をこめて作ったレシピです。
抹茶もち（047ページ）やチョコもち（049ページ）、蒸し白大福（036ページ）や
ローズウォーターもち（054ページ）との組み合わせがおいしいです。

材料

- 牛乳：1カップ＋大さじ2
- コーンスターチ：
  大さじ2½杯
- 卵黄：2個（大玉）
- 砂糖：大さじ4
- バニラエキストラクト：
  小さじ1
- 無塩バター：大さじ1

できあがり
8〜10個

作りかた

1. 1カップの牛乳を小さめの片手ナベに入れ、焦げ付かないようにときどきかき混ぜながら、沸騰し始めるまで中〜強火で温めます。

2. 牛乳を温めている間に、コーンスターチと大さじ2の牛乳を中サイズのボウルに入れて、コーンスターチが牛乳に完全に溶けるように泡立て器でかき混ぜます。さらに卵黄2個と砂糖を加えて、完全になじむまで泡立てます。

3. 牛乳が煮立ってきたら火からおろします。卵黄を混ぜたボウルに、大さじ2杯ずつ、温めた牛乳を少しずつ加えてかき混ぜながら、温めた牛乳の半分を混ぜていきます。さらに残り半分の牛乳を加えてかき混ぜます。牛乳が完全に混ざったら、混ぜた液をヘラでこすりながら片手ナベに戻します。ふつふつと泡が立つまで、かき混ぜながらカスタードを加熱します。少なくとも2分以上かき混ぜ続けてください。カスタードがなめらかに、ツヤツヤしてきたら火からナベをおろします。

4. バニラを入れ、バターをかき混ぜながら加えます。すべてがよく混ざるまで混ぜてください（もしダマになっていたら、こし器でこします）。できあがったカスタードを容器に入れ、カスタードの表面にぴったりとはりつけるようにラップします。冷蔵庫に入れ、1〜2時間冷やしましょう。

5. 冷えたカスタードを2.5センチ角に切り分けて、もちで包みましょう。

~~~~~~

［応用］
・ 抹茶カスタードあんを作るときは、バニラを小さじ½に減らし、コーンスターチにふるいにかけた抹茶を小さじ1加えてください。
・ バニラの代わりに、レモンやアーモンドエキストラクトなどほかのエキストラクトを使う場合は、小さじ1をカスタードに加えます。エキストラクトはステップ4のところで、バターと一緒に加えましょう。

ハウピアプリン

「ハウピア」は、ハワイで食べられる伝統的なココナッツのプリンです。
このレシピのハウピアプリンあんは、さっぱりとしてクリーミーでしつこくなく、
ココナッツのワクワクした風味が広がります。
このあんはココナッツもち（056 ページ）で包んでください。
ここでは、20 センチの四角い型を使います。

材料

- ココナッツミルク：1カップ
- 水：¾ カップ
- 砂糖：½ カップ
- コーンスターチ：
  ¼ カップ
- ひとつまみの塩

できあがり
16個

作りかた

1. ココナッツミルクと砂糖、コーンスターチと塩を中くらいの片手ナベに入れ、全体がなじみ、きめが均一になるまで泡立て器でかき混ぜます。

2. ナベを中火にかけ、沸騰してとろみがでるまでかき混ぜます。

3. プリン液を20 センチの四角い型（または別の小さな型）に流し込み、ラップをかけるかフタをして、固まるまで3 時間ほど冷蔵庫に入れます。

4. 固まったら、四角く切り分けます。16 等分してもいいですし、あんに使いたい数に切り分けてください。

抹茶クリームチーズあん入り
抹茶もち（→047ページ）

抹茶クリームチーズあん

クリーミーであっさりしていて、抹茶の香りがするとてもおいしいあんです。
友だちや家族は、あなたの顔を見るたびに「もっと作って」とおねだりするはず。
このあんは作るのも、もちに入れるのも簡単なので、あなたもイヤとは言えないでしょう。

材料

- 粉砂糖：¾カップ
- 抹茶：小さじ2以上
- クリームチーズ：
  200グラム

できあがり
12 玉

作りかた

1. 粉砂糖と抹茶をいっしょにふるいにかけます。

2. クリームチーズを電子レンジ用ボウルに入れ、600W
   の電子レンジで30秒加熱し、柔らかくします（または、
   クリームチーズをテーブルに置いておき、室温で柔ら
   かくします）。柔らかくなったクリームチーズをヘラで押
   し混ぜてなめらかにします。

3. 抹茶と砂糖を混ぜたものをクリームチーズに加え、す
   べてが完全になじみ、色が均一になるまで混ぜます。
   抹茶のかたまりが残ってしまったら、ハンドミキサー
   を使ってかき混ぜるとよいでしょう。抹茶はブランドに
   よって味が薄いものがあるので、味見をして足りなけれ
   ば抹茶を追加してください。

4. 混ぜたものを冷蔵庫で1時間冷やします。

5. スプーンとぬらした手のひらで、直径4センチほどの
   ボールを作ります。クッキングシートを敷いた密閉容器
   に、丸めたあんを並べ、冷蔵庫で1時間以上冷やし固
   めます。クリームチーズを凍らせると、舌触りが変わっ
   てしまうので、冷凍はしないでください。このあんは、
   冷蔵庫で4日間保存できます。

黒ゴマ
クリームチーズあん

クリームチーズとすりたての黒ゴマで作ったクリーミーな黒ゴマペーストに、
ハチミツときな粉の風味を加えて作ります。これは、蒸し白大福（036ページ）の中身に
ぴったりです。お好みできな粉を加えると、とてもおいしくなります。

材料

- クリームチーズ：
  200グラム
- 炒り黒ゴマ（NOTE参照）：
  大さじ2½
- 粉砂糖：½カップ
- ハチミツ：大さじ1
- きな粉：小さじ1

NOTE

もし炒った黒ゴマがなければ、フライパンに生の黒ゴマを入れて中火にかけ、煙が少し出てくるまでかき混ぜながら炒るといいでしょう。炒ったゴマは、火からおろせばすぐに使えます。

できあがり
12 玉

作りかた

1. クリームチーズを冷蔵庫に入れていた場合は、常温に戻しておきます。代わりに高温にした電子レンジに15秒加熱して柔らかくしても大丈夫です。

2. スパイスミルかすり鉢で黒ゴマを細かい粉になるまですりつぶします。

3. すりつぶした黒ゴマとクリームチーズを中くらいのボウルに入れ、完全に混ぜます。さらに粉砂糖、ハチミツ、きな粉を加え、全部が均一になじむまで混ぜます。しっかり混ざると、小さなつぶのある濃い灰色になります。

4. お皿かオーブンの天板にクッキングシートを敷きます。黒ゴマのペーストをスプーンと濡れた手ですくい、約4センチのボールを12個作り、クッキングシートの上に並べます。冷蔵庫に1時間、またはひと晩冷やし固めます。使う直前に冷蔵庫から取り出してください。このあんは、冷蔵庫で4日間保存できます。

黒ゴマクリームチーズあん入り
大福もち（→036ページ）

イチゴクリームチーズあん入り
ローズウォーターもち（→054ページ）

バラとイチゴ、クリームチーズのあん

ほのかなバラの香りがするクリーミーなイチゴのあんです。
ローズウォーターが苦手なら入れなくても、イチゴの風味が広がります。このあんは、
蒸し白大福（036ページ）やローズウォーターもち（054ページ）に入れるとおいしいです。

材料

・クリームチーズ：
　200グラム
・イチゴジャム：大さじ2
・粉砂糖：¼カップ
・ローズウォーター：
　小さじ1以上

できあがり
12玉

作りかた

1. クリームチーズを冷蔵庫に入れていた場合は、室温に30分置きます。あるいは、600Wの電子レンジで30秒加熱して柔らかくします。

2. クリームチーズとイチゴジャム、粉砂糖とローズウォーターを中サイズのボウルに入れ、全体がよくなじむまでヘラで混ぜます。

3. 混ぜたものを約4センチ大にスプーンですくい、濡らした手で丸めます。皿か、オーブンの天板にクッキングシートを敷き、すき間をあけて並べます。

4. 1時間以上冷凍し、使う直前に冷凍庫から取り出してください。このあんは、冷蔵庫で4日以内保存できます。

[応用]

こってりしていてクリーミーな、オレオクリームチーズあんを作るには、ジャムとローズウォーターの代わりに、チョコサンドクッキー（はさまったクリームごと）10枚を、すり鉢ですりつぶして混ぜます。白もち（028ページと035ページ）やチョコもち（049ページ）のあんとして使いましょう。

タロイモあん

タロイモあんは、タロイモにココナッツの風味を少し加えた簡単に作れるあんこで、
もちに入れるのにぴったりです！　私は（濃茶色の）大きなタロイモを使うのが
お気に入りですが、どんなタロイモでも使えます。このレシピでは、フードプロセッサーか
ハンドブレンダーを使うので、2倍、3倍に増やしても簡単に作れます。

材料

- 水：5カップ
- タロイモ*の皮をむき、
  1センチ程度に
  カットしたもの：
  1個分（約3カップ）
- 砂糖：⅔カップ
- ココナッツミルク：
  ½カップ

* 訳注：タロイモは、輸入食材と
してスーパーや輸入食料品、オ
ンラインショップで購入できます。
もし見当たらない場合は、里芋
をよく洗ってぬめりを取り、代用
してもよいでしょう。

できあがり
15〜20個

作りかた

1. 大きな鍋に水を入れて沸騰させます。タロイモを入れ
   て中火にかけ、時々かき混ぜながらフォークが刺さる
   程度に柔らかくなるまで、10分〜20分ゆでます。ゆで
   すぎると食感が悪くなるので、ゆですぎないようにして
   ください。お湯を捨てて10分ほど冷まします。茶色く
   なった部分があれば、取り除いて捨てます。

2. タロイモと砂糖、ココナッツミルク少々を合わせて、
   フードプロセッサーかハンドブレンダーですりつぶしま
   す。全体がなめらかになるまで、よく混ぜ合わせます。

3. 混ぜたものを浅めの電子レンジ用皿に入れ、600Wの
   電子レンジで6分加熱します。次にヘラでよく混ぜてか
   ら、電子レンジにさらに4分加熱し、もう一度混ぜます。
   混ぜたものがまだ液状であれば、さらに電子レンジで
   4分加熱してペースト状にします。冷めると、よりしっか
   りと固くなります。

4. 常温で冷まし、密閉容器に移し替えます。表面が乾か
   ないように、ぴったりくっつけるようにラップします。あ
   んは常温でも使えますが、1時間ほど冷蔵庫で冷やし
   たほうが扱いやすくなります。冷蔵で3日以内、冷凍で
   1カ月保存できます。もちで包みやすいように、5セン
   チに丸めて冷凍しておくとよいでしょう。

チョコと
ピーナッツバターのあん

このレシピはハワイ、マウイの「マウイ・スペシャリティー・チョコレート
（Maui Specialty Chocolates）」のびっくりするくらいおいしいおもちに
インスパイアされて作りました。ここのおもちとあんこをひと口食べてすぐに、
ピーナツバター入りのおもちが大好きになったのをはっきりと覚えています。
私はふだん、そんなにピーナツバターが好きではないのですが、
なぜかモチモチしたもちと、とろりとしたチョコ、そしてずっしりした
ピーナツバターのこってりした組み合わせには、すごい満足感があります。
このあんは、電子レンジ白大福（043ページ）や、チョコもち（049ページ）にぴったりです。
今度のパーティでふるまえば、話題になること間違いなしです！

材料

- ミルクチョコチップ：
  ½カップ
- チャンクタイプ（粒入り）
  かクリーミータイプの
  ピーナツバター：1カップ

できあがり
10玉

作りかた

1. チョコチップを電子レンジ用ボウルに入れ、600Wの
   電子レンジで30秒ずつ加熱し、取り出してかき混ぜ、
   完全に溶けるまで温めます。チョコが溶けたら、ピーナ
   ツバターを加えてよく混ぜます。冷蔵庫に入れて2時
   間冷やし固めます。

2. スプーンか小さなアイスクリームスクープで、10等分
   のボール状にすくい分けます。すぐに使うか、密閉容
   器に並べて冷蔵すれば、1週間保存できます。

ピーナツバターとジャム

ピーナツバターとイチゴジャムのあんを作るには、小さじ2杯のジャムを製氷皿1ブロッ
クに入れます。次に、小さじ2杯ずつのピーナツバターをジャムの上に乗せて、1時間
以上または、ひと晩凍らせます。もちに詰める直前に冷凍庫から取り出してください。

トリュフあん

トリュフチョコあん

なめらかでぜいたくな、このトリュフあんは、チョコもち（049ページ）との相性が
ばつぐんです。これはハワイ、マウイ「マウイ・スペシャリティー・チョコレート」製の、
デリシャスダークチョコもちを参考にしています。柔らかくてもちもちのおもちと、
さっぱりしているけれどコクのあるチョコのあんに、ほっぺたが落っこちそう。

材料

・セミスイートチョコチップ：
　1カップ
・生クリーム：½カップ
・無塩バター：大さじ1
・塩：小さじ⅛
・トッピング用の
　無塩ココアパウダー
　（お好みで）：½カップ

できあがり
8〜10個

作りかた

1. チョコチップ、生クリーム、バター、塩を中くらいの電子
   レンジボウルに入れます。600Wの電子レンジで1分加
   熱して、フォークか小さな泡立て器で混ぜます。このとき
   はバターとチョコチップはまだ溶け始めの状態でしょう。

2. さらに1分間電子レンジで加熱します。チョコが完全に
   溶けて混ざり、ダマがなく、完全になめらかになるまで
   混ぜます。もしチョコが溶け残っていたら、さらに電子
   レンジで15秒ずつ加熱し、完全に溶かしてください。

3. チョコを混ぜたものを常温で冷まし、ラップをかけて、
   触れるほど固くなるまで、冷蔵庫に30分ほど入れます。

4. トリュフミックスを約4センチの大きさにスプーンです
   くい取ります。これを10玉分くりかえします。それぞれ
   ココアパウダーをまぶして、手で丸めます。クッキング
   シートを敷いた密閉容器に並べて、1時間以上冷凍し
   ます。使う直前に冷凍庫から取り出します。作ったあん
   は、冷蔵で1週間、冷凍で1カ月間保存できます。

とろーり？　それともこってり？

できたてのもちを熱いうちに食べれば、チョコレートラバケーキのような、温かくてとろりとしたトリュフになります。常温で冷まして食べれば、柔らかいけどこってりしたもちになります。どちらにしても、トリュフを入れたおもちは最高です！

抹茶トリュフあん

上質なホワイトチョコと抹茶、そして生クリームで作る、やみつきになるトリュフもちです。
このトリュフは、抹茶もち（047ページ）との相性がばつぐんで、温かいうちに食べれば、
まるで抹茶ラバケーキのぜいたくなソースのように、ひとくち食べるごとにおいしい抹茶の
うまみがあふれます。常温に冷まして食べれば、もっちりしたトリュフの食感を味わえます。

材料

- ギラデリ（Ghirardelli）
  のような、品質のよい
  ホワイトチョコチップ：
  1カップ（約170グラム）
- 刻んだ無塩バター：
  大さじ5
- 生クリーム：大さじ3
- 抹茶：小さじ1½
- トッピング用粉砂糖
  （お好みで）

できあがり
15玉

作りかた

1. ホワイトチョコチップ、無塩バター、生クリームを電子
   レンジ用ボウルに入れます。600Wの電子レンジで30
   秒ずつ加熱し、取り出してかき混ぜ、完全に溶けるま
   で繰り返し加熱します。ホワイトチョコはすぐに柔らか
   くなるので、チョコチップが完全に溶けてしまう前に温
   めるのを止め、フォークか小さな泡立て器で、溶け残っ
   たチョコを余熱でかき混ぜながら溶かすとよいでしょう。
   なめらかになったら抹茶を加え、よく混ぜます。

2. ボウルにラップをかけて30分以上常温で冷ましてから、
   冷蔵庫で1時間半ほど冷やし固めます。

3. 固まったトリュフミックスを、小さなスプーンで15等分
   にすくい分けます。必要に応じて、べたつかないよう粉
   砂糖をまぶした手で、約4センチのボールに丸めます。
   クッキングシートを敷いた密閉容器に並べて、1時間
   以上、あるいはひと晩冷蔵庫で冷やします。使う直前
   に冷蔵庫から取り出します。作ったあんこ玉は、冷蔵で
   1週間、冷凍で1カ月間保存できます。

［応用］

黒ゴマトリュフあんを作るなら、抹茶の代わりに炒り黒ごま
小さじ2杯を入れます。すったごまを入れてもおいしいです。

オリジナルあんこを作ろう

自分だけのおもちとフレーバーの組み合わせは
どうすれば作れるでしょう？
私はいつも、ほかの料理との相性がいい、
伝統的な味の組み合わせから探し始めることにしています。
とはいっても、いろんな文化や料理からインスピレーションを得て
試してみることを怖がらないでください。

あなたが、もともと好きなお菓子を思い浮かべてみて
―― もしかしたら、私のようにホイップクリームと生イチゴを
スポンジにのせたケーキが大好きかも。
それとも私の夫のように、何にでもチョコをかけるのが大好きかも！

あなたが好きな組み合わせはいったい何ですか？
もちは、中身にも外側にも簡単に味をつけられるので、
自分が好きな味の組み合わせを
もちに取り入れる方法が見つけられるはずです。
この章が、あなただけのフレーバーを見つける実験のヒントや
出発点になるといいと思っています。

アールグレイトリュフあん

贅沢で上質なホワイトチョコを使ったこのトリュフあんなら、
アールグレイティーの味を楽しめること間違いなしです。なめらかで舌ざわりのいい、
香り高いトリュフが入った柔らかなおもちを食べれば、忘れられない味わいに
なるでしょう。このあんは、電子レンジ白大福（043ページ）にぴったりです。

材料

- 生クリーム：大さじ4
- 持ち手やホチキスの芯
  などを取り除いた、
  アールグレイティーの
  ティーバッグ
  （私はトレーダー・ジョーの
  オーガニックティーを
  使っています）：2バッグ
- 上質なホワイトチョコ
  チップ（ギラデリが最適）：
  1カップ（約170グラム）
- 刻んだ無塩バター：
  大さじ5
- トッピング用粉砂糖
  （お好みで）

できあがり
15玉

作りかた

1. 生クリームを、電子レンジ用ボウルに注ぎ、ティーバッ
   グを生クリームの中に沈め、600Wの電子レンジで1
   分加熱します。取り出して、フォークで1分程度ティー
   バッグをやさしく押しつぶします。生クリームに紅茶が
   染み出るように、少しかき混ぜます。このとき、ティー
   バッグが破れないように気をつけてください。

2. さらに30秒電子レンジで加熱し、フォークで再度ティー
   バッグをつぶします。生クリームが茶色くなります。

3. チョコチップとバターを、紅茶を煮出した生クリームに
   入れます。チョコレートとバターが完全に溶けるまで、
   電子レンジで1分ずつ加熱し、毎回かき混ぜて、合計3
   分程度加熱します。溶け残っていたら、フォークか小さ
   な泡立て器でかき混ぜながら、余熱でチョコを溶かす
   とよいでしょう。最初は粒が残っているかもしれません
   が、かき混ぜ続けるとなめらかになります。

4. ボウルにラップをかけ、常温で30分ほど冷まし、冷蔵
   庫に入れて、固くなるまで1時間半ほど冷やします。

5. 小さなスプーンで15等分して丸め、クッキングシートを
   敷いた密閉容器に並べて、1時間以上冷蔵します。使
   う直前に冷蔵庫から取り出してください。冷蔵で1週
   間、冷凍で1カ月間保存できます。

フレッシュフルーツと あんの組み合わせアイデア

● **ピーナツバターとバナナ**
1センチの厚切りにしたバナナに、小さじ山盛り1のピーナツバターをトッピング

● **桃と白あん**
1センチの厚い輪切りにした桃に、小さじ山盛り1の小豆あんか、白あんをトッピング

● **キウイと小豆あん**
1センチの輪切りにしたキウイに、小さじ山盛り1の小豆あんか、白あんをトッピング

● **ブルーベリーと小豆あん**
ブルーベリー3粒に、小さじ山盛り1の小豆あんか白あんをトッピング

● **ブドウと小豆あん**
ブドウまるごと1粒を、小豆あんか白あんで薄く包む

● **ラズベリーとトリュフチョコもち**
ラズベリー1粒と、トリュフチョコ1玉（084ページ）

● **イチゴとイチゴトリュフもち**
1センチの厚いスライスにしたイチゴとイチゴローズトリュフ1玉（090ページ）

● **チョコバナナもち**
1センチの厚いスライスしたバナナに、トリュフチョコ1玉

● **チョコイチゴもち**
1センチの厚いスライスにしたイチゴとトリュフチョコ1玉

● **イチゴと抹茶トリュフもち**
1センチの厚いスライスにしたイチゴと抹茶トリュフ1玉（086ページ）

イチゴローズトリュフあん

このあんは、お近くの食料品店で手軽に買えるフリーズドライのイチゴを使います。
砕いたイチゴを、ローズウォーターと溶かしたホワイトチョコに合わせます。
そうしてできたトリュフは、クリーミーでイチゴのエッセンスがたっぷり！
このレシピには、よく洗ったスパイスミルかすり鉢が必要です。
このトリュフは白もち（036 ページ、または 043 ページ）と相性がよく、
とりわけローズウォーターもち（054 ページ）との相性がばつぐんです。

材料

- フリーズドライのイチゴ：
  ½カップ
- ギラデリのような品質の
  よいホワイトチョコチップ：
  1カップ（170グラム）
- きざんだ無塩バター：
  大さじ5
- 生クリーム：大さじ3
- ローズウォーター：
  小さじ½
- トッピング用の粉砂糖
  （お好みで）

できあがり
15玉

作りかた

1. イチゴをスパイスミルかすり鉢に入れ、細かい粉になる
   まですりつぶします。

2. ホワイトチョコチップ、バター、生クリームを中くらいの
   電子レンジ用ボウルに入れます。600W の電子レンジ
   で1分ずつ加熱し、取り出してかき混ぜ、溶けるまで合
   計3分くらい加熱します。ホワイトチョコは熱くなりや
   すいので、全部のチョコチップが溶けてしまう前に加熱
   を止め、フォークか小さな泡立て器で溶け残ったチョコ
   をかき混ぜながら余熱で溶かすとよいでしょう。なめら
   かに混ざったら、イチゴの粉を加え、全体がなじむまで
   よくかき混ぜます。ローズウォーターを加え、さらに混
   ぜます。

3. ボウルにラップをかけ、常温で30分冷まします。触れ
   るくらいに固くなるまで、冷蔵庫で1時間半ほど冷やし
   ます。

4. できあがったトリュフミックスを小さなスプーンで15等分にすくい分けます。必要に応じて、べたつかないように粉砂糖をまぶした手で、それぞれのかたまりを4センチのボールに丸めます。クッキングシートを敷いた密閉容器に並べて、1時間以上、あるいはひと晩冷凍します。使う直前に冷凍庫から取り出します。冷蔵で1週間、冷凍で1カ月間保存できます。

豆のあんにフルーツジュースやエキストラクトを加えよう

もちにフルーツのフレーバーを加えるのなら、もちの中に生のフルーツを入れることを強くおすすめします。もし新鮮な果物が手に入らなかったら、フルーツジュースかエキストラクトを豆のあんに加えるのもよいでしょう。パッションフルーツやマンゴ、洋ナシ、グアバ、パイナップルなどのジュースが使えそうです。やりかたは簡単、豆のあんにジュースやエキストラクトを加えて、電子レンジ用ボウルに入れ、以下の時間を参考に電子レンジで加熱してください。豆のあんは、使う直前まで冷蔵庫で1時間以上冷やしておきます。以下のレシピは、2倍、3倍の量でも作れます。その場合は、加熱時間を増やしてください。

豆のあん	フルーツジュース／ エキストラクト	電子レンジ（600W） の加熱時間
½カップ	ジュースであれば大さじ3、 エキストラクトであれば小さじ½	4分
1カップ	ジュースであれば大さじ6、 エキストラクトであれば小さじ1	7分

もちアイス

世界中の人が大好きな、もちアイス。これは、1981年に発売された
ロッテの「雪見だいふく」が始まりですが、現在アメリカで売られているような
もちアイスは、フランシス・ハシモト（Frances Hashimoto）が
1994年に生み出すまで存在していませんでした。
もちアイスが家で簡単に作れることがわかると、多くの人が驚きます。
いちばんのコツは、アイスをあらかじめすくって、小さなボールにして凍らせておくこと。
そうしないと、温かいもちに包んだときに、あっという間にアイスが溶けて
ぐちゃぐちゃになってしまいます。
もちろん、自家製アイスも、もちの中に入れられますが
（もし時間があるならぜひそうしてください！）、
ここでは手軽さと効率を考えて、品質のよい市販のアイスを使います。

1. アイスクリームを5センチのボール状に7つすくい、それぞれ小さなカップケーキ型に取り分けて、密封容器に入れて2時間以上もしくはひと晩冷凍します。

2. アイスクリームを2時間以上凍らせたあと、043ページにあるステップ6までの方法でもち生地を作り、まな板に1/3カップのコーンスターチを広げます。もち生地を平らにのばすのにじゅうぶんな、大きなまな板を使ってください。

3. もち生地とめん棒にたっぷりコーンスターチを広げます。めん棒でもちをのばし、約5ミリの厚さにします。

4. 10センチの丸いクッキー型を使って、もち生地を径10センチの円に切り抜きます。

材料

・お好みのアイスクリーム：
450リットル（1パイント）
・レンジ白大福（043ページ）：
ひとかたまり
・コーンスターチ

できあがり
7個

3

5. 1枚の円を切り抜いたら、冷凍庫からボール状に凍ら
せたアイスを取り出し、カップケーキの敷き紙をはずし
て丸くくりぬいたもちの中央にのせます。もち生地の
四隅をつまんでアイスクリームを包み、つなぎ目をつま
んで閉じます。もちのつなぎ目を下にして、新しいカッ
プケーキ型に入れて冷凍します。アイスはすぐに溶け
るので、それぞれのもちを、すぐに包んで凍らせるのが
大事です。

6. もちアイスを作ったら、1時間以上冷凍します。冷凍庫
から取り出して、2分ほど常温で柔らかくしてから召し
上がれ。

もちとアイスの組み合わせアイデア

・**ローズウォーターもち**（054ページ）とイチゴアイス
・**抹茶もち**（047ページ）と抹茶アイス
・**チョコもち**（049ページ）と抹茶アイス
・**抹茶もち**とイチゴアイス
・**マンゴーもち**（058ページ）とマンゴーアイス
・**チョコもち**とチョコアイス
・**チョコもち**とコーヒーアイス
・**チョコもち**と塩キャラメルアイス

デコもち

デコもちは、あらゆる世代が楽しめるもちメイキングです。いい道具や材料があれば、小さな子どもでも作れます。フードペン、チョコチップ、キャンディ・アイボールなどは、ちびっこデコもちにぴったりです。

デコは簡単なものもあれば、時間がかかるものもあります。100ページや102ページで紹介するような材料や道具、方法を使えば、とっても簡単にすばやくおもちをデコれます。もし、ちょっとした時間があるなら、「練り切り」生地を使って、かわいいもちの花や動物を作ってみてはいかがでしょう。練り切りは、白あんともちから作られている生地で伝統的な和菓子に使われています。練り切り生地は柔らかいので、もちにのせるデコパーツを作るのに向いています。私は、小豆あんを入れた白大福をはじめ、あらゆる種類の大福もちのデコレーションに、練り切り生地を使っています。

かんたんなデコレーションの材料とコツ

フードペン

おもちをかんたんにデコる方法を探しているなら、製菓材料店やネットで買えるフードペンがおすすめです。色も豊富で、直接おもちに絵が描けます。私の料理教室のみんなは、フードペンで自由に絵を描くのが大好きです。絵を描く前に、もちの表面の粉をはらうことをお忘れなく。そうしないと、粉がついてうまく絵が描けません。

キャンディ・アイボール

製菓材料店で簡単に買えるキャンディ・アイボール（目玉型のキャンディー）を使えば、おもちがあっというまに超キュートなキャラクターに変身。目玉を2つつけて髪の毛を書き足してもいいし、いっぱい目玉をつければかわいいモンスターに早変わり。キャンディ・アイボールさえあれば、いろんなことができちゃいます。

*訳注：キャンディ・アイボールは、日本ではWiltonの製品がネットショップから購入できます。

チョコチップ

チョコチップをもちにつければ、目や口になっちゃいます。口の部分に1枚のせれば、びっくりした顔が作れます。ガラスか陶器製のボウルに½カップのチョコチップを入れて、電子レンジで完全に溶けるまで20秒ずつ加熱し、かき混ぜながら溶かしてもいいでしょう。溶けたチョコを、ビニールの絞り袋にスプーンなどで注意しながら入れて、数分冷まします。それから、溶けたチョコが固まりはじめて、すぐに流れ出さないようになったら、絞り袋の先を切って使います。チョコを使って、目でも口でも、好きなものがなんでも描けますよ。

スプリンクル

おもちの目や、そのほかの飾りに使うことができます。もっとステキにデコるなら、もちのてっぺんを水でぬらして、湿った部分をボウルに入れたスプリンクルにつけるとよいでしょう。おもちの上をスプリンクルできれいに覆うことができます。また、もち全体を水につけて、余分な水気を切ったあとにスプリンクルの上で転がせば、ちいさなキャンディーで覆われた、パーティにもってこいのお祭り仕様になるでしょう。

食用ラメ

食用ラメは、製菓材料店かケーキ屋さんで買うことができます。使うときは、最初にもちの粉をはらい、次に食用ラメを刷毛につけ、乾いたもちにそのままつけます。おもちは虹色に輝く真珠のようになるでしょう（しかも、おいしい！）。

きな粉、粉末ピーナッツ、黒ゴマ、ココナッツフレーク

黒ごまやココナッツなどの粉をもちにまぶすと、自然できれいな仕上がりになります。きな粉や粉末ピーナツ、黒ゴマは、お近くのアジア食料品店か、オンラインショップで手に入ります。また、自分でトッピング用の粉を作ってもいいでしょう。もちを水につけ、余分な水分を切ってからココナッツフレークや、お好きな粉を入れたボウルに入れましょう。もち全体が覆われるように、ボウルの中で転がします。これで、おいしく楽しく食べられるはず！　オレオのような、お好きなクッキーをすりつぶして使うのもいいですね。

もちパーティのチェックリスト

もちメイキングパーティでは、友だちとごちそうを作りながら、楽しい時間が過ごせます。
レンジ白大福（043ページ）や、ローズウォーターもち（054ページ）、
抹茶もち（047ページ）など、レシピの分量を3倍にしてパーティを開いてはいかが？
もち作りが終わったら、おもちにアイデアいっぱいのデコレーションをしましょう。

● 道具

□ テーブルをカバーする、
　 使い捨てのビニールクロス
□ お客さん用のペーパーカップ：10個
□ パン用刷毛
□ フルーツ皿
□ もちを運ぶための大きなまな板
□ 材料を混ぜる大きなボウル
□ 大きめの電子レンジ用耐熱ボウル
□ 泡立て器
□ フードペン
□ 持ち帰り用容器

● 材料

□ カットしたイチゴや、お好きなフルーツ
　 （ブルーベリー、ラズベリー、マンゴー、
　 キウイフルーツなど）
□ コーンスターチ：
　 少なくとも1キログラム
□ もち粉：1キログラムで50個のおもち
　 が作れます）
□ グラニュー糖：もち粉1キロに対し、
　 5カップでじゅうぶん
□ チョコチップ：ホワイト、チョコ、
　 色付きなど、好きな味のものを
　 買いましょう！
□ 小豆あん：5カップ
　 （手作り、または急ぐときは
　 スーパーや食料品店で買っても）
□ 抹茶もち用の抹茶
　 （抹茶もちを作るときにお好みで）
□ ローズウォーターや、
　 もちをピンク色にするための食紅か
　 食用ビーツ粉末（お好みで）

本格的な練り切り生地

この練り切り生地は、白あんさえあればとても簡単に作れます。いろんな色で染めれば、もちをデコレーションしたり、とりわけ、かわいい顔を作るのにもってこいです。

練り切り生地は、密閉容器に入れて冷凍すれば1カ月間保存できます。

柔らかくなるまで温めなおせば、すぐに使えます。

冷凍で1カ月間、冷蔵で4日間保存できるので、あらかじめ作っておくのもいいでしょう。

材料

- もち粉：¼カップ
- 水：¼カップ
- できたての白あん
  （066ページ参照）：1カップ
- 食用色素

> **TIP**
> もし練り切りを作る時間がなければ、もち生地に色をつけ、薄く伸ばして使うとよいでしょう。

できあがり
1カップ

作りかた

1. もち粉と水を小さめの電子レンジ用ボウルに入れ、なめらかになるまで混ぜます。600Wの電子レンジで1分30秒加熱したあと、もう一度よく混ぜて、2分ほど冷まします。

2. もち生地を作業台に置き、その上に白あんをのせて、生地が混ざるまで1〜2分ほど手でこねます。生地の水分が多ければ、こむぎねんど（プレイ・ドー）のように扱いやすい固さになるように、もち粉を小さじ1ほど加えます。使うときまで冷蔵庫で冷やしておきましょう。

3. 使うときは、練り切り生地を薄くのばして、できあがった大福を包みます。目や口などをくっつけて、かわいい顔を作りましょう（110〜113ページ参照）。

COLUMN

練り切りに色をつけるには

⅓カップの練り切り生地を手でなめらかなボールにします。丸めた生地に、食用色素などで色をつけた水を1滴落とし、生地と色がまざるまで手でこねます（手が染まらないよう、手袋をすることをおすすめします）。生地を丸めて、ラップに包んで保存します。手にくっつくようなら、もち粉をひとつまみ手にまぶしてください。

早くて簡単な
練り切り生地

この練り切り生地には、缶詰の豆を使うので、生の白豆からあんこを作る手間が省けます。
時間がないときによい方法です。もっと新鮮な風味を求めるなら、
104ページの本格的な練り切り生地の作りかたをご覧ください。

材料

- 白インゲンの缶詰
  （軽く洗って水気を
  切っておく）：400グラム
- 熱湯：4カップ以上
- 砂糖：½カップ
- もち粉：¼カップ
- 冷水：¼カップ以上

できあがり
1½カップ

作りかた

1. 大きめの耐熱ボウルに豆を入れ、豆が2センチ隠れるくらいの沸騰したお湯を注ぎます。豆を10分つけ、目の細かいザルに入れて水を切ります。冷水を流しながら豆を洗います（浸しながらすすぐことで、豆の臭みやアクがとれます）。

2. 電子レンジ用のボウルの上にザルを置き、ヘラかしゃもじで豆をザルの底に押しつけるようにして、豆と皮を分けます。すべての豆をこすまで、豆をザルに押しつけて、左右に動かしながらつぶします。豆の皮がたくさん残りますが捨てて大丈夫です。こした豆のペーストに砂糖を入れて混ぜます。

3. 豆のペーストをそのまま600Wの電子レンジで4分加熱してよく混ぜます。もう2分温めて、さらに混ぜて冷まします。豆のペーストに指でくぼみをつけられるようになれば完成です。指のあとがつかなければ、もう2分間程度、電子レンジで温めてください。逆に、豆のペーストにヒビが入ってしまったら乾燥しすぎです。その場合、小さじ1の水を加えて、なめらかなあんになるまで混ぜます。これで1カップ分の白あんができます。これはいったん置いておきましょう。

4. 別の小さな電子レンジ用ボウルにもち粉と冷水を入れ、なめらかになるまで混ぜます。600Wの電子レンジで1分30秒加熱し、2分ほど冷まします。

5. もち生地に豆のペーストを加え、しっかりなじむまでスプーンで混ぜます。次に、手で2分ほどこねて、生地が柔らかく、しなやかになるまでよく混ぜます。白いもちのかたまりが残っていたら、色が均一になるまで生地をこね続けてください。できあがったら、乾燥しないようにラップで包み、使うときまで冷蔵庫で冷やします。冷蔵で4日、冷凍で1カ月保存できます。

6. 使うときは、練り切り生地を薄くのばして、出来上がった大福を包みます。目や口などを加えて、かわいい顔に仕上げましょう（110～113ページ参照）。

手軽に作れる
ピンクのもちの花

おもちの見た目がとてもかわいくなる、素敵なデコです。
ロシア口金か、直径23ミリのクッキー型を使います。

1.
ローズウォーターもちの生地
（054ページ）を5ミリの厚さ
にのばします。

2.
ロシア口金か、23ミリのクッ
キー型を使って、もち生地を
丸く切り抜きます。

3.
上から順に丸く抜いた生地
を8枚重ねて、下から上に向
かってきつく巻いていきます。

4.
巻き終わった生地の半分のと
ころでカットすると、2つのお
花が作れます。

ヒヨコもち

黄色くてかわいいヒヨコが春を知らせてくれます！

2センチの練り切り2本を平らにつぶして頭の羽毛を作ります。

3センチの練り切りの棒で、
2枚のつばさを作ります。

1. 大福もちを作ります。

2. 黄色い練り切りの棒を6ミリの厚さにのばして大福を包みます。
    すぐに違う色の練り切り生地を使って、顔を作ります。

パンダもち

食べちゃうにはかわいすぎる、パンダのおもち。
動物の形をきれいに仕上げるには、豆のあんこが最適です。
果物を入れると形がゆがむことがあります。

直径12ミリ幅のブラッ
クキャンディパール（ま
たはチョコレート）

1. 大福もちを作っておきます。

2. 白い練り切りを6ミリの厚さにのばして大福を包みます。
   すぐに、黒く着色した練り切りを使って、顔のパーツを作ります。

こぐまもち

茶色くて白い鼻のかわいいこぐまも、おいしく食べちゃいます。

1. 大福もちを作っておきます。

2. 茶色い練り切りを6ミリの厚さにのばして大福を包みます。
    残りの練り切りを使って、顔のパーツを作ります。

こぶたもち

このちいさなこぶたは、みんなのきれいなおもちを元気にしちゃいます！

1. 大福もちを作っておきます。

2. ピンクの練り切り6ミリの厚さにのばし、大福を包みます。
   残りの練り切りを使って、顔を仕上げます。

お正月の伝統、
杵つきもち

杵つきもちは、日本のもちの中で最も伝統的なものです。基本的に杵つきもちで使うのは、もち米と水だけ。つきたてのおもちは、びっくりするほどモチモチしていて伸びるので、見た目にも楽しいです（モッツァレラチーズが伸びるところをご想像ください）。ついたもちは、もち粉から作るお菓子用のおもちよりも、ねっとりと弾力があります。

杵つきもち Q & A

Q. 杵つきもちは保存できますか？

A. はい、杵つきもちは冷凍保存できます。もちをいったん常温で冷まし、冷凍用容器に入れて冷凍すれば2カ月以上保存できます。必要に応じて、スープに入れたり焼いたりして温め直してください。常温のまま置いておくと傷んでしまうのでやめましょう。

Q. 杵つきもちは、
どんな年齢の人でも
食べることができますか？

A. 杵つきもちは、ねばり気が強く、かみ切りづらいので、食べるときに注意が必要です。大きなかたまりのまま食べたり、よくかまずに食べたりすると、のどに詰まってしまうことがあります。とくにお年寄りや小さなお子さんには気をつけてください。小さなまとまりを、よくかんで食べるようにすれば問題はないでしょう！ いままで私は、ついたもちを食べて問題が起きたことはありませんが、気をつけるにこしたことはありません。

Q. 杵つきもちを作ったり
食べたりするのに、
特別な道具は必要ですか？

A. 丈夫な木製か金属製のボウルと木づち、またはパドルパーツ（かくはん羽根）がついたスタンドミキサーなど、ご自宅にあるものがあれば大丈夫。もちつき機で作ったようななめらかさにはならないかもしれませんが、ご家庭で作って食べるにはじゅうぶんです。

Q. この本にあるいくつかの
レシピで使うために、
市販された杵つきもちを
買うことはできますか？

A. 自分で杵つきもちを作る時間がないときは、ネットショップや日本食料品店で手に入る、市販の切りもちを買うのが便利です。これは四角く切ってあります。砂糖じょう油の焼きもち（122ページ）やベーコン巻きもち（124ページ）を作るときにお使いください。

もちつき

お正月の伝統的なもち作り

「もちつき」は、米をついて、もちにする日本の伝統です。
もち米は、ひと晩水につけて柔らかくし、翌日に蒸してからつきます。
もちつきは、お祭りや家族が集まったときの行事として行われたり、
単に家庭のもちつき機で作られたり、さまざまです。

　一番伝統的なもちつきの方法は、
「臼」と呼ばれる、木やみかげ石を削って作ったとても大きなボウルに、
蒸したもち米を入れてつくことです。
もちつきの前日、臼には水を張っておくのが一般的です。
翌朝、温かいお米がついている間に冷めてしまわないよう、
水を捨ててお湯に取り替え、臼を温めます。
臼がじゅうぶんに温まったらお湯を捨てて、蒸した米を中に入れます。
臼の両脇に2人の人が立ち、「杵」と呼ばれる大型の木づちで
お米が大きなまとまりになるまで、もみながら叩きつぶしていきます。
この時、2人の人は交代で、それぞれの杵でもちつきをします。
3人目の人が、全部のもちが均一につけるよう、
数回ごとに手でもちをひっくりかえしていきます。

次第にもちは、米のつぶが見えなくなり、大きなねばり気のあるかたまりになります。
この伝統的なもちつきの方法は、もちを作る日に家族や親戚が集まって行います。
お正月にはよく餅つき大会が開かれ、
つかれている様子を見るのも楽しいものです。

つきたて白もち

最も伝統的なのは手でついたもちで、日本人は昔からこの方法でもちを作ってきました。
私が育ったサンフランシスコの日本のお祭りで、もちつきを見たのをよく覚えています。
また毎年、私の母は、母の友だちのオオサカさんと、もちつき機で大量のもちをつき、
新年のあいさつとして友だちや家族に配っていました。このレシピでは、
大きなボウルと料理用の木づちか、パドルパーツ（かくはん羽根）のついた
スタンドミキサーを使います。たくさん作りたいときは、分量をそのまま増やしてください。

材料

・もち米：2カップ
　（TIPを参照）
・冷水：2カップ
　（炊飯器を使う場合）、
　または2.5カップ
　（ガスを使う場合）
・打ち粉用の
　コーンスターチか片栗粉

TIP
もち米を炊く前日から米
を水につけておくと、な
めらかでつきやすい柔ら
かな米に炊きあがります。

できあがり
10個

作りかた

炊飯器で米を炊く方法

1. 炊飯器の内釜にもち米を入れて冷水を注ぎ、水に沈ん
   だ米を手でこすり合わせながら、内釜の中でかき混ぜ
   ます。これによって、米のねばりをそこねるヌカを取り
   除きます。新しい水を注ぎ、できるだけ濁った水を捨て
   ながら、さらに2回すすぎます。すすいだら、ザルにあ
   けて水を切ります。

2. 炊飯器の内釜のもち米に冷水2カップを加え、普通の
   白米を炊く設定で炊きます。炊きあがったら、大きめの
   ステンレスボウルか木製のボウルを用意し、炊飯器か
   ら米を移します。

ガスで米を炊く方法

1. 大きなボウルにもち米を入れて冷水を注ぎ、水に沈ん
   だ米を手でこすり合わせながら、ボウルの中でかき混
   ぜます。これによって、米のねばりをそこねるヌカを取
   り除きます。できるだけ濁った水を捨てながら、さらに
   2回すすぎます。すすいだら、ザルにあけて水を切りま
   す。

2. 水を切った米を中くらいのナベに入れ、水2¼カップを
   加えてフタをします。中火でゆっくりと沸騰させ、沸騰
   したら弱火にし、水がなくなるまで25分程度炊きます。
   火を止めてフタをし、15分蒸らします。

3. 大きめのステンレスボウルか、木製のボウルに米を移
   します。

もちのつきかた

1. **木づちを使う場合:** もち米の入ったボウルを木づちで
   上下につきます (**1A**)。2、3回つくごとに木づちを水の
   入った小さなボウルに浸して湿らせ、もちがくっつくの
   を防ぎます。3分ほどついたら、ヘラかしゃもじでもち
   を折りたたみます。全部のもち米が全部むらなくつぶ
   されるまで、ついて折りたたむのを10〜15分ほどくり
   かえします。すると、米粒ひと粒ひと粒が見えなくなり、
   柔らかくてねばり気があり、よくのびる大きなもちのま
   とまりがひとつできあがるでしょう (**1B**)。

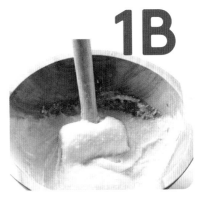

パドルパーツ（かくはん羽根）のついたスタンドミキサーを使う場合：炊きあがったもち米をミキサーのボウルに入れて、パドルパーツを取り付けます。速度のレベルを2にセットして、柔らかくてねばり気があり、大きくひとつにまとまったよくのびる生地になるまで、10分から15分ほどつきます。スタンドミキサーを使うほうが、木でつくよりもなめらかな生地になるでしょう。

2. まな板に軽くコーンスターチをふります（**2A**）。手にもコーンスターチをつけ、丸めたもちの大きなかたまりにも、しっかりとコーンスターチで覆います（**2B**）。大きなもちのまとまりから、ゴルフボール大のもちをつまみとります（**2C**）。10個のもちに分けます。すぐに使ってもいいですし（使いかた参照）、まな板で冷ましてから（**2D**）容器に入れて冷凍すれば、最大2カ月保存できます。

~~~~~~

使いかた

固くなるまで冷まし、お雑煮（127ページ）、砂糖じょう油の焼きもち（122ページ）、ベーコン巻きもち（124ページ）など、塩味のきいた料理に使うとよいでしょう。
温かいうちに、もちに小豆あん（064ページ）やカットした果物を入れて、甘いデザートにするのもよいでしょう。

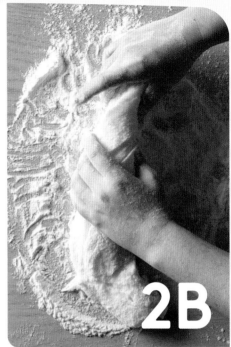

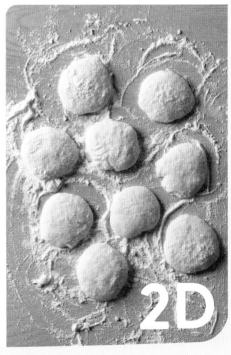

砂糖じょう油の焼きもち

焼きもちを食べると、（母がつきたてのもちを作ってくれた）お正月のことだけではなく、
義理の母のことを思い出します。義母は寒い冬になると、香ばしくてとろけるような
おもちを焼くのがお気に入りです。ひと口食べれば、外はカリっと中はとろっと、
しょう油の香ばしさがアクセントになり、この食感の組み合わせは完ぺきなおいしさです。
まさに、焼きもちとしょう油の相性はばつぐんなのです！

材料

・7センチ幅の杵つきもち
　（NOTE参照）
　または市販の切りもち：
　2個
・しょう油：大さじ2
・砂糖：大さじ1
・半分に切った海苔
　（お好みで）：1枚

NOTE

杵つきもちを使う場合は、
固くなるまで冷ましてか
ら焼きます。冷凍してい
た場合は、取り出してす
ぐに焼くこともできます。

できあがり
2個

作りかた

1. オーブントースターかオーブンの中段の天板にアルミ
    ホイルを敷きます。オーブントースターをセット、または
    オーブンを180℃に予熱します。四角いもちを5センチ
    以上のすき間をあけて（かなりふくらむので）、アルミ
    ホイルの上に並べます。薄く焼き色がつき、ふくらんで、
    上のほうに焦げ目がつくまで、8分から10分焼きます。
    いびつな形になっても大丈夫です。

2. もちを焼いている間に、しょう油と砂糖を小さなボウル
    に合わせて、砂糖が溶けるまでかき混ぜます。

3. オーブンからもちを取り出したら、熱いままか、または
    触れるくらいまで冷ましてから、もちに海苔を巻きます。
    もちを砂糖じょう油につけて、すぐ食べましょう。

ベーコン巻きもち

これは「スパムむすび」にちょっぴりアイデアをもらったレシピです。
スパムむすびは、まとめたご飯の上に、スパムミートのスライスをのせて海苔で巻いた、
ハワイで人気のスナックです。私のレシピでは、スパムの代わりにベーコン、
ご飯の代わりにモチモチのびるおもちを使っています。スパムむすびと同じように、
この料理はさっと焦がしたテリヤキソースで最後の仕上げをします。
これが思った以上によいアクセントになるんです！　このシンプルなおやつは
とても評判がいいです。ここでは杵つきもちか、切りもち（116ページ参照）を使います。

材料

たれの材料
・みりん：大さじ1
・料理酒：大さじ1
・しょう油：大さじ1
・砂糖：小さじ2

ベーコンもちの材料
・薄切りベーコン
　（厚切りは使いません）：4枚
・四角い切りもち：4個
・水：⅓カップ

できあがり
4個

作りかた

1. タレを作ります。みりんと酒、しょう油と砂糖を小さなボウルに入れ、完全に溶けるまで混ぜ、そのまま置いておきます。

2. ベーコンもちを作ります。もちの中央にベーコンを1枚、端があまり重なりすぎないように巻きつけます。残りの3つのベーコンと、切りもちまたは杵つきもちも同じようにします。

3. フタ付きの中くらいのフライパンに、ベーコンの端を重ねた面を下にしてもちを並べます。それぞれ、4センチ以上の間隔を開けてください。フライパンに水を入れてフタをし、水が全部蒸発するまで、3分中火で蒸し焼きにします。ベーコンの底がきつね色になるまで焼きます。ひっくり返して、ベーコンの反対側の面もきつね色になり、もちが柔らかくなるまでさらに数分焼きます。このとき、おはしかフォークがもちの中心まで刺さるほど柔らかくなっているはずです。まだ固ければ、大さじ1の水をフライパンに加え、フライパンがジュージューいって、おはしやフォークがもちに刺さるまで焼きます。

4. 作っておいたタレをフライパンの中のもちにかけて10
秒ほど加熱し、ひっくり返して反対側もタレに焦げ目が
つくよう、さらに10秒ほど火を通します。タレをかけて
から1分以上加熱すると焦がしてしまいます。お皿に
のせて1分ほど冷まし、温かいうちに召し上がれ。

お雑煮
（風味のよいお正月のスープ）

ダシとしょう油の香りがする、あっさりとしたすまし汁。お雑煮は新年の訪れを、とても感じさせてくれる料理です。母が毎年、元旦に作ってくれたお雑煮に、つきたてのもちを入れて、家族全員でこのもちスープを食べたものです。もちはねばり気があり、溶けたモツァレラチーズのように長くのびるので、長寿をあらわすと言われています。
また、その地方でとれた収穫を加えることで、新年の五穀豊穣を祈ります。
おなかをすかせたお客さんが来たら、もちの量は倍にしてかまいません。

材料

ダシの材料
・干しシイタケ：4個
・だし昆布（小）：1枚
・かつお節：¼カップ
・水：5カップ

トッピング（お好みで）
・小口切りにしたネギ
・ゆでて冷まし、水を絞って
　5センチの長さに切り分けた
　ほうれん草
・スライスしたダイコンと
　ニンジン

スープの材料
・水：5カップ
・骨付き鶏のもも肉
　（皮付きまたは皮なし）：
　1キログラム
・皮をむき、幅1センチの
　薄い輪切りにした
　ダイコン：1カップ
・皮をむき、幅1センチの
　薄い半月切りにした
　ニンジン：1本
・しょう油：大さじ4
・みりん：大さじ2
・料理酒：大さじ2
・砂糖：大さじ1½
・塩：小さじ2、
　味つけによってはもう少々
・杵つきもち：10個

> NOTE
> ヴィーガンのためのお雑煮を作るには、鶏ガラやかつお節、しょう油、みりん、料理酒、砂糖を入れずに、代わりに白味噌½カップをダシに入れて、食べる前に5分ほど煮てください。

できあがり
8~10食

作りかた

1. **ダシのとりかた：**大きめのナベに、干しシイタケ、だし昆布、かつお節、水を入れます。中弱火にして、20分ほど煮ます。シイタケ、昆布、かつお節をダシから取り出して、こします。これでダシは完成です。シイタケは取っておき、飾りに使うために軸を取り除いて、薄くスライスしておきます。別の料理のために、さらにダシをとるのであれば、残りのダシの材料は容器に入れて水をはり、冷蔵庫に保管しておきます。

2. **スープの作りかた：**大きなナベにダシを入れます。水を加えて強火で沸騰させます。鶏もも肉を加え、中弱火にしてスープの表面に浮かぶアクを取りながら、30分煮ます。

3. ダイコンとニンジンをナベに入れ、さらに30分煮ます。

4. 鶏もも肉をスープから取り除きます。触れるくらいに冷まし、肉から骨を引き抜き、粗い細切りにします。細切りにした鶏肉は、トッピングに使います。

5. しょう油、みりん、料理酒、砂糖、塩をスープに加えてかき混ぜ、10分煮ます。

6. つきたてのもちを使うときは、お椀に1、2個ずつ入れて、おたまでスープを注ぎます。もし、冷凍か冷蔵保存したもち、あるいは市販のもちを使うときは、スープとは別のナベに熱湯を入れ、柔らかくなるまで4分くらいゆでてからお椀に入れ、スープを注ぎます。

7. 細切りにした鶏肉、シイタケ、ネギ、ほうれん草、スライスしたダイコンやニンジンをお好みで加えて召し上がれ。

TIP

かわいいお花や星の形のクッキーカッターは、オンラインショップで買えます。

丸くてたのしい
おだんご

おだんごはボール状に丸めたおもちで、じゅうぶんに火が通るまで数分ゆでたあと、仕上げに氷水でしめて、こしを出しています。おだんごは、もちの食感を手軽に楽しめるさまざまなデザートになります。パフェの上にのせて、アイスや小豆あんといっしょに食べれば、満足感のあるおやつになりますし、「ぜんざい」（143ページ）のような温かいスープに入れたり、串に刺して砂糖じょう油をつけたり、甘い抹茶やチョコレートシロップをかけるだけでも。これらのレシピをいくつか作ったら、自分だけの自由なおだんご作りに挑戦しましょう。

おだんご Q & A

Q. おだんご料理では
串が必要でしょうか？

A. おだんごは、12〜15センチの串に
3個ずつ刺してあることが多いです
が、おだんご1つ1つの上にたっぷ
りソースをかけて食べてもいいし、つ
まようじを刺してオードブルにしても
いいし、いろいろな食べ方を楽しめ
ます。

Q. 「おだんご」と「だんご」の
違いと、2つの名前が
使われる理由は？

A. 「おだんご」は、日本では女性的で
ていねいな呼びかたのようで、「だん
ご」は男性的な呼びかたです。一般
的に男性が「だんご」、女性は「おだ
んご」と呼ぶことが多いように思いま
す。同様に、男性が「もち」というの
を、女性は「おもち」と呼んだりしま
す。また「抹茶だんご」のように、名
詞が2つ重なるときは、「おだんご」
ではなく「だんご」となります。この
本のレシピでは、通常「おだんご」と
しています。

Q. おだんごを作る方法は
たくさんありますか？

A. この章では、もち粉と水を使う方法
と、もち粉と絹ごし豆腐、水を使う2
種類のだんごの作りかたを紹介して
います。しかし、だんごの作りかたは
ほかにもたくさんの方法があります。
レシピによっては、ふつうの米粉（上
新粉）やねばりのある米粉（白玉粉）
を同量ずつ合わせて使います。私が
もち粉と水を使っているのは、日本
人の友だちや家族が教えてくれた
作りかただったのと、それを食べて
育ってきたからです。

プレーンだんご

プレーンだんごは、豆腐だんご（134ページ）よりもずっと簡単。
ただし、本書のおだんごを使うレシピには、豆腐だんごを使うことをおすすめします。
プレーンだんごは、豆腐だんごよりも少しコシがあり、もちもちしています。
これらのおだんごは、パフェやアイスの上にのせたり、みたらしソース（136ページ）、
抹茶ソース（141ページ）、黒ゴマソース（137ページ）をかけて食べます。
ここでは、長さ12〜15センチの10本の木の串を使います。

材料

- もち粉：1.5カップ以上
- 砂糖：大さじ4以上、
  お好みでそれ以上
- 塩：小さじ⅛
- 水：¾カップ
- 氷水用の氷
- お好みのソース

できあがり
8〜10 串

作りかた

1. もち粉、豆腐、砂糖、塩を中くらいのボウルに入れ、泡立て器でよくかき混ぜます。

2. 水を加え、材料が均一にまとまるまで、手でこね混ぜます。なめらかなこむぎねんどのようになるはずです。もしヒビが入ったら乾きすぎなので、小さじ1杯の水を加えて、しっかりこねます。もし水っぽければ、もち粉を小さじ1、2杯足してみてください。

3. ぬらした手で生地を少しちぎって転がし、4センチのボールに丸めます。30個ほどを目安に作りましょう。

4. 大きなボウルに氷水を入れておきます。大きめのナベに水を入れ、強火で沸騰させ、おだんごを入れ2分ほどゆで、おだんごが浮かんできたらさらにもう2分ほどゆでます。おだんごが浮きあがってこなくても、4分以上はゆでないようにしてください。

5. おだんごを穴あきおたまですくって氷水に入れ、2〜3分ほど浸します。よく水を切ったおだんごを1串に3つずつ刺し、お好みのソースをかけていただきます。

豆腐だんご

このレシピは、母の友だちのレシピを教えてもらったものです。
私はこのレシピにちょっとひねりを入れて、
柔らかいのにもちもち感のある、風味豊かなおだんごに改良しました。
このおだんごは、串に刺すか、そのままソースをたっぷりかけて、
オードブルのようにつまようじでいただくのもいいでしょう。
お豆腐を用意できなければ、プレーンだんご（133ページ）のレシピで作ってみてください。
このシンプルなレシピで作ったおだんごは、みたらしソース（136ページ）や、
抹茶ソース（141ページ）、黒ゴマソース（137ページ）によく合います。
豆腐の味はほとんどしないので、材料に豆腐を使っているとはちょっとわからないでしょう。

材料

- もち粉：1カップ以上
- 水を切った絹ごし豆腐：
  100グラム
- 水：大さじ3以上
- 砂糖：大さじ3
- 塩：小さじ⅛
- 氷水用の氷
- お好みのソース

できあがり
6~7串

作りかた

1. もち粉、豆腐、水、砂糖、塩を中くらいのボウルに入れます。これらの材料が完全になじむように、手でこね混ぜます。なめらかなこむぎねんどのようになるはずです。手にとり2.5センチのボールに丸めます。もしボールにヒビが入るようなら、丸めたときに生地がなめらかになるまで小さじ1杯ずつ水を加えます。生地は簡単に小さなボールに丸められると思います。もし水っぽくて丸めにくかったり、手に生地がべたつくときは、ねんどのような質感になるまで、もち粉を小さじで少しずつ生地に加えます。

2. 生地を少しちぎって手で転がし、2.5センチのボールに丸めます。残りの生地がなくなるまでボールを作ります。

3. 大きなボウルに氷水を入れて、ゆであがったおだんごを冷水でしめる準備をしておきます。中くらいのナベに水を入れ、強火で沸騰させます。沸騰したお湯におだんごを入れて2分ほどゆで、おだんごが浮かんできた

砂糖じょう油
のおだんご
(→136ページ)

らさらにもう2分ほどゆでます。おだんごが浮きあがっ
てこなくても、4分以上はゆでないようにしてください。

4. おだんごを水切りザルにあけるか、穴あきおたまです
   くって氷水に入れ、2〜3分ほど浸します。よく水を切っ
   たおだんごを竹串に3、4個ずつ刺し、残りのおだんご
   も同じように串に刺します。お好みのソースをかけてい
   ただきます。

砂糖じょう油（みたらしだんご）

「みたらしだんご」は、日系のコンビニエンスストアの定番商品なので、
最もなじみがあるかもしれません。3つの白いおだんごに、
しょう油のうま味と砂糖の甘さがきいた、とろみのあるソースがかかっています。
もちもちしたおだんごと、甘くて香ばしいしょう油の組み合わせが最高のおやつです。
このソースは、豆腐だんごやプレーンだんごによく合います。
だんごにソースを塗るときは、調理用の刷毛を使うのがおすすめです。

材料

- 水：½カップ
- 砂糖：大さじ3
- みりん：小さじ1
- コーンスターチ：小さじ2
- 豆腐だんご（134ページ）
- またはプレーンだんご
  （133ページ）

できあがり
8~10串

作りかた

1. 水、砂糖、しょう油、みりん、コーンスターチを中くらいの片手ナベに入れます。コーンスターチが完全にとけるまでよく混ぜます。

2. ナベを中火にかけます。ソースの色が濃く、半透明になるまで泡立て器でかき混ぜながら煮詰めます。

3. 煮詰まったら、すぐにソースを火からおろします。

4. おだんごを串に刺し、おだんごの上にソースを塗ります。串をグリルにそっと移して1分焼くか、料理用バーナーを使って軽く焼き色をつけます。焼くことで、ソースに含まれる砂糖が茶色く焦げておいしさが増します。

黒ゴマソース

ナッツのような複雑な味わいの黒ゴマソースをもちもちしたおだんごにかけて、
熱いお茶といっしょにいただくと最高です。
きな粉は手に入らなければなくてもかまいませんが、
もしあるなら、かけると風味が増します。
このレシピでは、よく洗ったスパイスミルを使います。
このレシピは、エリズ・ベーカリー（Eri's Bakery）の
エリ・コームスさんが手伝ってくれました。どうもありがとう。

材料

- 黒炒りゴマ：¼カップ
- ハチミツ：大さじ4
- 水：大さじ1
- ゴマ油：小さじ1
- 黒砂糖：小さじすりきり2
- 塩：小さじ⅛
- きな粉：小さじ2（お好みで）
- プレーンだんご
  （133ページ）または
  豆腐だんご（134ページ）

できあがり
4串

作りかた

1. 黒ゴマを粉になるまでスパイスミルかすり鉢ですります。

2. すりゴマにハチミツ、水、ごま油、黒砂糖、塩、きな粉
   （お好みで）を中くらいのボウルに入れ、なめらかにな
   るまで混ぜます。

3. おだんごを串に刺し、刷毛かスプーンでたっぷりソース
   をかけます。

三色だんご

三色だんごは、温かい緑茶のお茶うけとして親しまれています。
日本を旅行していたときに、お店でこのおだんごを見つけて、ピンクと白、緑の色が
とてもかわいいな、と思ったことを覚えています。三色だんごのピンク、白、グリーンは
春を表す色で、桜の季節になると「花見だんご」とも呼ばれます。
着色に食紅を使いたくないときは、天然ビーツ粉末を小さじ¼で代用できます。
このレシピでは小さな木の串を使います。お好みで砂糖じょう油（136ページ）や
抹茶ソース（141ページ）を刷毛でぬってもよいでしょう。

材料

- もち粉：2カップ以上
- 水切りをした絹ごし豆腐：
  100グラムまたは
  水¼カップ
- 水：¼カップ以上
- 砂糖：大さじ3
- 塩：小さじ⅛
- ふるいにかけた抹茶：
  小さじ1
- 食紅（液体）：1滴
- 氷水用の氷

できあがり
10 串

作りかた

1. もち粉と豆腐、水、砂糖、塩を中くらいのボウルに入れ
   ます。手を使って、しっかりと混ざるまでこねます。なめ
   らかでやわらかいこむぎねんどのようになるはずです。
   もしヒビが入ったら、小さじ1杯の水を加えて混ぜてく
   ださい。もし水っぽくなった場合は、もち粉を小さじ1〜
   2杯足してみてください。

2. 生地を3分割して、それぞれボウルに入れます。1つの
   ボウルの生地には抹茶を加え、もう1つのボウルの生
   地には食紅を加えます。最後のボウルは色をつけませ
   ん。着色した生地は、色がなじむまで手でしっかりとこ
   ね混ぜます。

3. それぞれの生地を少しちぎり、2.5センチのボールに丸
   めていきます。残りの生地も同じようにすべておだんご
   に丸めます。

4. 大きなボウルに氷水を入れて、ゆであがったおだんご
   を冷水でしめる準備をしておきます。中くらいのナベに
   水を入れ、強火で沸騰させます。沸騰したお湯におだ

んごを入れ、おだんごが浮かんでくるまで、2分ほどゆ
でます。おだんごがナベの底にくっつかないように、と
きどきかき混ぜます。浮き上がってきたら、もう2分ほ
どゆでます。おだんごがすべて浮き上がらなくても、4
分以上はゆでないようにしてください。

5. おだんごを水切りザルにあけるか、穴あきおたまです
    くって氷水に入れ、2〜3分浸します。よく水を切り、緑、
    白、ピンクの順にだんごを串に刺します。

抹茶ソースがけ
抹茶だんご

このレシピは、伝統的なみたらしだんごをちょっとアレンジしたもので、
みたらしソースの代わりに、シンプルな抹茶ソースを使います。
このレシピはエリズ・ベーカリーの日本人パン職人、エリ・コームスさんのレシピを
参考にしています。このレシピでは8本から10本の小さな木串を使います。

材料

抹茶だんご
・もち粉：1.5カップ以上
・砂糖：大さじ4
・抹茶：小さじ2
・塩：小さじ1/8
・水：3/4カップと
　大さじ1以上

抹茶ソース
・砂糖：1/4カップ
・コーンスターチ：小さじ2
・ふるいにかけた抹茶：
　小さじ1
・水：1/2カップ

できあがり
8〜10串

作りかた

1. **おだんごを作る**：もち粉、砂糖、抹茶、塩を中くらいの
ボウルに入れ、よく混ぜます。

2. 水を加えて、すべての材料を混ぜ合わせて、均一に明
るい緑色になるまで手でこねます。生地はなめらかで、
やわらかい粘土のようになるはずです。生地にヒビが
入るようなら水分が足りないので、小さじ1の水を加え、
全体をよく混ぜます。生地がべたつくようであれば、小
さじ1、2杯のもち粉を追加してください。

3. 手をぬらし、生地を少しちぎって2.5センチのボールに
丸めます。残りの生地もすべて丸めます。30個くらい
を目安に作りますが、もっと作っても大丈夫です。

4. 大きなボウルに氷水を入れて、ゆであがったおだんご
を冷水でしめる準備をしておきます。大きめのナベに
水を入れ、強火で沸騰させます。沸騰したらおだんご
を入れ、2分ほどゆでます。おだんごが浮き上がってき
たら、もう2分ほどゆでます。おだんごがすべて浮き上
がらなくても、4分以上はゆでないようにしてください。

5. おだんごを水切りザルにあけるか、穴あきおたまですくって氷水に入れ、2〜3分浸します。よく水を切り、3つずつ串に刺します。

6. **ソースを作る：**砂糖、コーンスターチ、抹茶を小さな電子レンジ用ボウルに入れて泡立て器でかき混ぜます。水を加え、ダマにならないようにかき混ぜます。600Wの電子レンジで2分加熱して、かき混ぜます。さらに1分ほど電子レンジで加熱し、もう一度混ぜます。

7. お皿に串に刺したおだんごを並べ、料理用の刷毛を使ってたっぷりと抹茶ソースをかけます。もし刷毛を持っていなければ、そのままスプーンでおだんごにソースをかけます。

〜〜〜〜〜〜〜〜〜〜〜〜〜〜〜〜〜〜〜〜〜〜〜〜

［応用］

豆腐を使いたいときは？
おだんごの材料の水を、水を切った絹ごし豆腐に入れ替えて、つぶしながらよく混ぜてください。

だんご入りぜんざい
（もちだんご入り小豆あんスープ）

このデザートは、シンプルなのにとっても満足感があります。豆腐を加えることで、
独特の風味と柔らかさのあるおだんごになります。素朴な甘さの小豆と、
柔らかくてもっちりとしたもちだんごの組み合わせの相性は抜群です。
もち入りぜんざいは、寒い季節によく食べられています。

材料

- 小豆あん：1パック
  （500グラム）
- または自家製小豆あん
  （064ページ参照）：2カップ
- 水：2カップ
- 調理していない
  豆腐だんご
  （134ページ参照）

できあがり
5~6杯

作りかた

1. 小豆あんと水を中くらいのナベに入れ、中火で沸騰するまで温めます。

2. 調理していないだんごを加え、火を弱め、時折かき混ぜながらふきこぼれないように2分ゆでます。おだんごが浮き上がってきたら、さらに2分ゆでます。すべてのおだんごが浮き上がってこなくても、4分以上はゆでないようにしてください。

3. お椀にスープを注ぎ、それぞれのお椀に4、5つずつおだんごを入れます。温かいうちに召し上がれ。

マンゴーだんご入り
抹茶あんみつ

あんみつは、夏にぴったりのデザートです。お皿にのったさまざまな具を食べれば、
おいしい食感が広がります。バニラアイスの上にトッピングしたマンゴーだんご、
小豆あん、フレッシュフルーツ、抹茶寒天ゼリーに、さらに黒蜜をかけて仕上げます。
あんみつの具は、お皿にかわいくもりつけてもいいし、小鉢にシンプルに
よそってもいいでしょう。このレシピは、ムツミ・ニワ（Mutsumi Niwa）さんが考えた
素晴らしいレシピです。彼女は「サクラ・ジャンクション（Sakura Janction）」という
ブログに、レシピを定期的に掲載している、才能ある日本人の和菓子職人です。
ムツミさんは、ロンドンの生活雑貨店と抹茶スタンド店「ヘブン（Heven）」で
自作の和菓子を販売しながら、教室も開いています。このレシピでは、
マンゴーだんごのほかに、プレーンだんご（133ページ）を使ってもいいでしょう。

材料

抹茶寒天
・ふるいにかけた抹茶：
　小さじ3
・水：大さじ2
・熱湯：1¼カップ
・粉寒天：小さじ½
・グラニュー糖：大さじ4

黒蜜（お好みで）
・黒砂糖：大さじすりきり2
・水：大さじ1

マンゴーだんご
・もち粉：½カップ
・グラニュー糖：小さじ2
・マンゴージュース：
　¼カップ

トッピング
・つぶあん（064ページ参照）：
　½カップ
・バニラアイス：4スクープ
・さいの目にしたマンゴーや
　スライスしたイチゴ、
　季節の果物（お好みで）

できあがり
4人分

作りかた

1. **抹茶寒天を作る：**小さいボウルに抹茶を入れ、水大さじ1を加えます。ダマにならないようにヘラでつぶし、なめらかにします。さらに水を大さじ1加えて薄めます。

2. 中くらいの電子レンジ用ボウルに熱湯を入れ、粉寒天を入れてよく混ぜます。電子レンジを高温にし、沸騰しはじめるまで加熱します。1分程度たったら、寒天をよく混ぜて溶かします。寒天が完全に溶けきるまで温め、透明になるように混ぜます。寒天の粒が残らないようにしてください。

3. 寒天が完全に溶けたら、グラニュー糖を加えて混ぜ、約30秒加熱して完全に溶かします。作っておいた抹茶ペーストを寒天液に加え、よく混ぜます。

4. 混ぜた液を10×20センチくらいの小さな四角い容器に注ぎます。寒天液の高さが容器の底から2.5センチ以上になるようにします。液が固まるまで室温で冷ましてから、冷蔵庫で1時間以上冷やします。盛りつける小鉢4つを冷蔵庫で冷やします。

5. **黒蜜を作る（お好みで）：**黒砂糖と水を電子レンジ用の小さなボウルで混ぜます。600Wの電子レンジで2分加熱して混ぜ、さらに電子レンジで1分ほど温めてから再度混ぜます。とても熱くなっているので、ボウルはオーブンミトンか布巾で持つようにしましょう。量が少し減り、薄くねばり気のある蜜状になっているはずです。容器の中で液が飛びはねることがあるので気をつけてください。蜜状になったら室温で冷まします。黒蜜は、冷蔵庫で1カ月ほど保存できます。

6. **おだんごを作る**：もち粉とグラニュー糖を小さなボウル
   に入れて混ぜます。果肉入りのジュースを使う場合は、
   果肉をこしておきます。マンゴージュースを加えて、ダ
   マにならないようにヘラでよく混ぜます。生地が手で丸め
   られるくらいなめらかになったら、生地を20等分して、
   直径2.5センチの小さなボールに丸めます。

7. 大きなボウルに氷水を入れて、ゆであがったおだんご
   を冷水でしめる準備をしておきます。中くらいのナベに
   水を入れ、中火で沸騰させます。沸騰したら吹きこぼ
   れないように火を弱めます。すべてのおだんごをナベ
   に入れて、おだんごが浮かんでくるまで、ナベの底に
   くっつかないようにときどきかき混ぜながら、2分ほど
   ゆでます。浮き上がってきたら、さらに1分ほどゆでて、
   合計3分ゆでます。ゆですぎて、だんごが柔らかくなり
   すぎないようにしましょう。おだんごを半分に割り、中
   まで完全に火が通っているかを確認します。

8. おだんごを水切りザルにあけるか、穴あきおたまです
   くって氷水に入れ、2〜3分浸します。おだんごがくっ
   ついていたら、かき混ぜて離します。よく水を切ります。
   おだんごは冷蔵庫で保存すると固くなってしまうので、
   食べる直前に作るのがベストです。

9. **盛り付け**：寒天の容器を冷蔵庫から取り出し、四角く切
   ります。冷やしておいた小鉢も取り出して、小鉢の半分
   くらいまで切り分けた寒天を入れます。寒天の上に大
   さじ1杯のつぶあんを盛り付けます。その隣にバニラア
   イスを置きます。あんことアイスの上に、マンゴーもち
   だんごを4〜5粒のせます。お好みで、スライスした生
   のイチゴや、さいの目に切ったマンゴーを添えます。最
   後に、黒蜜をかけて召し上がれ。

ベイクドもち

　私はいつも、もち教室の授業がない休みの日には、伝統的なもちや甘い大福もちにとどまらない、新しいもち料理を探したり、研究したりしています。特に、新しい料理のアイデアが豊富なベイエリアや、以前からもちの人気が高いハワイでのリサーチはすごく楽しいです。この研究の結果、もち粉と卵、砂糖と牛乳でおいしい焼き菓子が作れちゃうことがわかりました！　おなじみの焼き菓子のようでありながら、グルテンフリーで、もちの食感もほのかにします。ここでは、たくさんのおいしいベイクドもち料理をご紹介します。これを参考に、あなたのオリジナルベイクドもちも発明してもらえるといいな、と思っています。

ベイクドもち Q & A

Q. ベイクドもちは
　　どこが発祥ですか？

A. ベイクドもちカップケーキやパンケーキが流行したのは、グルテンフリーダイエットの人気や、もち食品が一般的になったことがきっかけです。ただし、「チチだんご」というベイクドもちは、ハワイで作られたのがはじまりと言われています。

Q. ベイクドもちは蒸したもち
　　よりも長く保存できますか？

A. はい、タマゴや牛乳がもち生地を安定させ、またあんこの入っていないものが多いので、蒸したもちに比べると常温で長持ちします。ただし、この章で紹介しているベイクドもちは、焼き上がったその日のうちに、できたてを食べるのがいちばんです。翌日もおいしく食べられますが、通常、おもちは冷やすと固くなってしまいます。ココナッツチチだんご（174ページ）や、抹茶ホワイトチョコもちブラウニー（182ページ）のように、カスタードクリームやプリンを使わないもちであれば、密閉容器に入れて室温で保存すると3日間はおいしく食べられます。もちろん、傷まないように、できるだけ涼しい場所に保管してください。

栗まんじゅう
（あん入り焼きまんじゅう）

「まんじゅう」とは甘い豆のあんこを入れたお菓子のことで、この栗まんじゅうは、
栗のような焼き色をつけた皮の中に、小豆あんか白あんを入れています。
まんじゅうは柔らかくておいしく、色もきれいですが、作るのには少し手間がかかるので、
誰かといっしょに作りましょう。これは、素敵な日本人女性の
ユキコ・オータケ（Yukiko Otake）さんが10年前に考案したレシピです。
彼女から教わったこのレシピをみなさんにご紹介できるのがとてもうれしいです。
このレシピでは、パドルパーツ（かくはん羽根）付きのスタンドミキサーかハンドミキサー、
大きなボウル、目の細かいふるいを使います。

材料

まんじゅう

- 小豆あん、または白あん
  （064ページと066ページ参照）：
  2.5カップ
- 中力粉（または薄力粉と
  強力粉を1：1で混ぜたもの）：
  4カップ強、打ち粉用にも
  少々
- ベーキングパウダー：
  小さじ2
- 重曹：小さじ2
- 砂糖：1カップ
- 無塩バター：½カップ
- 全卵：大2個
- 卵白（卵1個分）：小さじ2
- ライトコーンシロップ
  （カローなど）＊：小さじ2
- エバミルク（無糖練乳）：
  ½カップ

＊訳注：水あめ、ハチミツで代用可

→ 材料は次のページに続きます。

作りかた

1. あんを大さじ1ずつ、50個丸めてあんこ玉にします。
   できたあんこ玉は密閉容器に入れて冷蔵庫か冷凍庫
   に入れ、使うまで保存しておきます。

2. オーブンの下段に天板をセットし、180℃に予熱します。

3. 小麦粉、ベーキングパウダー、重曹を中くらいのボウル
   に入れ、泡立て器で混ぜておきます。

4. スタンドミキサーのボウル（ハンドミキサーを使う場合
   は、大きめのボウル）に砂糖とバターを入れ、中～強ス
   ピードで3～4分泡立て、白っぽいクリーム状にします。

5. ミキサーのスピードを中速に落とし、全卵2つを一度に
   入れて、よく混ぜます。ミキサーを動かしたまま、卵白
   を少しずつ入れて1分間ほど混ぜます。コーンシロッ
   プを加えて、さらに1分間混ぜます。

卵液

- ・卵黄：大2個
- ・しょう油：小さじ1
- ・みりん：小さじ1

できあがり
50個

6. ミキサーのスピードを低速にし、小麦粉を混ぜたものを4回、エバミルクを3回に分けて交互に加えます。混ぜ過ぎないように、粉っぽさがなくなったら混ぜるのをやめます。生地が手にべたつくようなら、生地が扱えるように小麦粉を加えて混ぜます。加える小麦粉は最大でも大さじ2以内にしてください。小麦粉を加えすぎると、まんじゅうが固くなります。

7. まんじゅうを作ります。大さじ程度の生地をつまみとって丸めます（**7A**）。クッキングシートに挟んで手のひらで厚さ6ミリに丸くつぶし（**7B**）、あんこ玉を中央にのせ

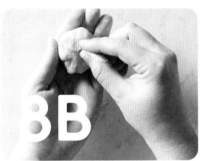

ます（7C）。この工程では、できるだけ粉を付けないほうがいいのですが、もし生地がねばつくようなら、手に軽めに打ち粉をして、生地を扱いやすくします。

8. やさしくあんこのまわりを包むように生地を閉じます（8A）。空気が入らないように気をつけながら、平たい生地であんこ玉を包みます（8B）。まんじゅうの形を小判型に整えて、側面をつまんでまんじゅうが転がらないように、底を平らにします（8C）。これは、焼くために必要な作業です。

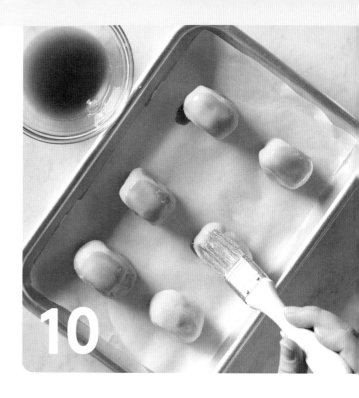

9. クッキングシートを敷いた天板の上に、それぞれ5セン
   チの間隔をあけてまんじゅうを並べます。残りの生地と
   あんこも同様にします。

10. 卵黄2個、しょう油、みりんをフォークでかき混ぜて、つ
    やだし用の卵液を作ります（お好みで）。目の細かい茶
    こしに入れてスプーンで押して裏ごしします（ダマをと
    り塗りやすくします）。料理用ハケを使い、卵液をまん
    じゅうの表面に2回ずつ塗ります。

11. 焼き時間の途中で天板の向きを変えながら、まんじゅう
    がまんべんなく薄い黄金色になるまで15分〜20分焼
    きます。焼き上がったら、天板ごとケーキクーラーか足
    つきの網に置いて冷やします。まんじゅうが完全に冷え
    てから、密封容器に入れます。常温で当日中、冷蔵庫
    で5日以内、冷凍の場合は2週間の保存ができます。

もちカップケーキ

もちカップケーキはもっちりとした食感と自然な甘さで満足感があり、
ポットラック（持ちより）パーティーの目玉です！　このおいしいレシピは、
エリ・コームスさん（erisbakery.com）が考えました。フィリングをチョコチップなどに
アレンジすれば、素敵な味のバリエーションが広がります。

材料

- もち粉：1カップ
- ベーキングパウダー：
  小さじ1
- 塩：小さじ⅛
- 無塩バター
  （柔らかくしておく）：大さじ3
- 砂糖：大さじ3
- ハチミツ：大さじ2
- 卵（大）：2個
- 全乳ヨーグルト
  （プレーン）：大さじ2
- バニラエキストラクト：
  小さじ1
- 牛乳：⅓カップ
- 小豆あん（064ページ）
  またはヌテラ（お好みで）

できあがり
6個

作りかた

1. オーブンを170℃に予熱します。6穴のマフィン型に少量のバターを塗るか、マフィンカップを敷きます。

2. もち粉、ベーキングパウダー、塩を小さなボウルに入れて泡立て器でかき混ぜておきます。

3. バターを大きなボウルに入れ、ふんわりとするまで泡立てます。砂糖とハチミツを加え、白っぽくなるまで、約2分よく泡立てます。

4. 全卵2個を一度に加え、生地がなめらかになるまでよく混ぜます。ヨーグルトとバニラエキストラクトを加え、さらに混ぜます。2で合わせておいた粉類を加え、なめらかになるように混ぜます。最後に牛乳を入れて、まんべんなく混ぜます。

5. マフィンカップの半分くらいまで生地を入れ、お好みで小さじ2杯分のあんこ玉か、小さじ1杯分のヌテラを入れ、生地を大さじ2ほど加えて、フィリングを隠します。

6. 黄金色になるまで25分焼きます。

小豆あん入り
和風もちカップケーキ

このさっぱりとしたもちカップケーキは、私の母の日本人の友だち、
ケイコ（Keiko）さんが教えてくれました。日本の焼き菓子は、一般的なアメリカの
焼き菓子よりもフワッとしていて甘さ控えめなものが多いですが、
このカップケーキはまさにそれ。柔らかくて軽く、もっちりとしてほんのり甘く、
素朴でおいしい！　子どものころ、ケイコさんが地元のお祭りに持ってきてくれて、
みんなで食べたのをよく覚えています。フィリングの小豆あんが柔らかいカップケーキ
とよく合い、楽しいサプライズになります。

材料

- もち粉：1.5カップ
- 砂糖：½カップ
- ベーキングパウダー：
  小さじ2
- 植物油：⅓カップ
- 卵（大）：2個
- 小豆あん：½カップ
  （064ページ参照）

できあがり
標準サイズ
12個
ミニサイズ
24個

作りかた

1. オーブンを180℃に予熱します。マフィン型にマフィン
   カップを敷いておきます。

2. もち粉、砂糖、ベーキングパウダーを大きめのボウルに
   入れて泡立て器でかき混ぜます。牛乳、植物油、卵を
   加え、ダマにならないようによく混ぜます。

3. 生地をマフィンカップの⅓まで入れ、小さじ1杯分のあんこ玉を生地の上に落として、カップの真ん中にくるようにします。

4. マフィンカップの上から1センチ下まで、さらに生地を加えます。

5. 標準サイズのカップケーキなら25分、ミニカップケーキなら15分、明るいきつね色になり、指で軽く押すと生地がふんわり戻るくらいになるまで焼きます。できたてをすぐに食べましょう。

[応用]

ふるいにかけた抹茶小さじ2杯を粉に加えると、抹茶味のカップケーキになります。ローズウォーター小さじ1.5杯を、生地を混ぜたあとに加えると、ローズウォーター味のカップケーキになります。

もちパンケーキ

パンケーキが欲しくなったら、もちパンケーキで満たしましょう！
さっぱりした甘さと、もっちりとした食感に、きっと満足するはずです。
トッピングに、フレッシュフルーツやメープルシロップ、
あるいは抹茶ソース（179ページ）と、自家製ホイップクリームやヨーグルトを
のせると最高の朝食になります。

材料

- 卵（大）：2個
- 砂糖：大さじ3
- ハチミツ：大さじ2
- 牛乳：⅓カップ
- 全乳ヨーグルト
  （プレーン）：大さじ2
- バニラエキストラクト：
  大さじ1
- もち粉：1カップ
- ベーキングパウダー：
  小さじ1
- 無塩バター：大さじ3
- フライパンに塗る植物油
  またはバター：大さじ1

できあがり
小さめのパンケーキ
7〜8枚

作りかた

1. 卵、砂糖、ハチミツを大きめのボウルに入れ、泡立て器でかき混ぜます。牛乳、ヨーグルト、バニラエキストラクトを加え、さらによく混ぜます。

2. もち粉とベーキングパウダーを合わせた粉を目の細かいふるいにかけながら、ボウルに加えます。粉が見えなくなるまで混ぜ、溶けたバターを入れて、ダマにならないように全体をよく混ぜ合わせます。

3. テフロン加工のフライパンに油を薄くひいて、中弱火で温めます。温まったら、¼カップの生地を流し、パンケーキを1枚焼きます。生地が円くならなければ、スプーンを使って整えます。

4. 表面に気泡ができ、穴が開き始めるまで1〜2分焼き、ひっくり返して裏面をさらに1分ほど焼きます。

5. お好きなトッピングを添えて召し上がれ。

［応用］
バニラエキストラクトの代わりにふるいにかけた抹茶小さじ1.5杯を入れても。

プレーンもちドーナツ

私は、もっちり満足感のあるこのドーナツが大好きです。
ケーキのようにきめ細かくしっとりしていながら、おもちのような弾力があります。
そのままでもおいしいですし、この章で紹介しているグレーズをかけると、
昔ながらの和菓子の風味が引き立ちます。揚げもちドーナツよりもヘルシーな
焼きドーナツのとりこになるかも。このレシピは、カリフォルニアのバークレーにある、
サード・カルチャー・ベーカリー（Third Culture Bakery）のもち風ペストリーを
参考に、友だちのエリ・コームスさんの助けを借りながら作りました。
このレシピは2、3倍の量でも同様に作れます。このレシピでは、焼きドーナツ型
（私は10センチのドーナツが作れるウィルトン（Wilton）の
テフロン加工ドーナツパンを使っています）としぼり袋を使います。

材料

- ドーナツ型に塗る
  無塩バター：大さじ1
- もち粉：1カップ
- ベーキングパウダー：
  小さじ1
- 塩：小さじ⅛
- 卵（大）：2個
- グラニュー糖（161ページの
  NOTE参照）：大さじ3
- ハチミツ：大さじ2
- 牛乳：⅓カップ
- 全乳ヨーグルト
  （プレーン）：大さじ2
- バニラエキストラクト：
  小さじ1
- 溶かした無塩バター：
  大さじ3

作りかた

1. オーブンを180℃に予熱します。焼きドーナツ型にバターを塗ります。

2. もち粉とベーキングパウダー、塩を一緒にふるって小さなボウルに入れます。

3. 卵とグラニュー糖、ハチミツを大きめのボウルに入れて混ぜます。牛乳、ヨーグルト、バニラエキストラクトを加え、完全になじむまでしっかりとよく混ぜます。もち粉を混ぜたものを加えて混ぜ、さらにバターを加えて全体になじむように混ぜます。

NOTE

ドーナツにグレーズをか
けるときは、甘さを抑え
るために、手順3のグラ
ニュー糖を省略します(ハ
チミツは入れましょう!)。

できあがり

6個

4. しぼり袋に生地を詰め、準備しておいたドーナツ型の
   深さ¾くらいまで生地をしぼり入れます。

5. 焼き色が均一になるように、途中でドーナツ型の向きを
   変えながら20分焼きます。オーブンから取り出し、10
   〜15分ほど冷ましてから、グレーズをかけます。できあ
   がったら常温で保存し、その日のうちか、翌日までに食
   べるのがおすすめです。食べ切れないときは冷凍して、
   食べる2時間前に取り出して常温で解凍します。

チョコもちドーナツ

油っぽくない、もちもちのチョコもちドーナツは、さっぱりとしておいしい
チョコドーナツグレーズ（163ページ）との相性ばつぐん。思わず次から次へと
手が伸びてしまいます。ここでは、焼きドーナツ型（私は10センチのドーナツが作れる
ウィルトン（Wilton）のテフロン加工ドーナツパンを使っています）と
しぼり袋を使います。材料は倍量にしても同じように作れます。

材料

- ドーナツ型に塗る
  無塩バター：大さじ3
- もち粉：1¼カップ
- 無糖ココアパウダー：
  ¼カップ
- ベーキングパウダー：
  小さじ1
- 塩：小さじ⅛
- 卵（大）：2個
- 砂糖：大さじ2
- ハチミツ：大さじ2
- 牛乳：½カップ
- 全乳ヨーグルト
  （プレーン）：大さじ2
- バニラエキストラクト：
  小さじ1

できあがり
6個

作りかた

1. オーブンを180℃に予熱します。焼ドーナツ型にたっぷりバターを塗ります。

2. もち粉とココア、ベーキングパウダー、塩を合わせてふるい、小さなボウルに入れます。

3. 卵と砂糖、ハチミツを大きめのボウルに入れて混ぜます。牛乳、ヨーグルト、バニラを加え、さらに混ぜます。2の粉類を加えてかき混ぜ、さらにバターを加えて全体をなじませます。生地にとろみが出て、ゆっくりと流れるようになります。

4. しぼり袋に生地を詰め、準備しておいたドーナツ型の深さ¾くらいまで生地をしぼり入れます。

5. 焼き色が均一になるように、途中でドーナツ型の向きを変えながら20分焼きます。オーブンから取り出し、10〜15分ほど冷ましてから、グレーズをかけます。できあがったら常温で保存し、その日のうちか、翌日までに食べるのがおすすめです。食べ切れないときは冷凍して、食べる2時間前に取り出して常温で解凍します。

抹茶ドーナツグレーズ

このレシピは、私のもち教室で思いついたものです。
ホワイトチョコが抹茶の風味と素朴な味を引き立て、
さっぱりと軽い味にすることを発見しました。
グレーズをかけて、黒ゴマやカラフルなスプリンクルをふりかけるのも素敵です。

材料

- 粉砂糖：1.5カップ
- ふるいにかけた品質の
  よい抹茶：小さじ1
- 無塩バター：大さじ2
- ギラデリなど品質のよい
  ホワイトチョコチップ：
  ¼ カップ（43グラム）
- ハーフアンドハーフ
  （生クリームと牛乳を同量ずつ
  合わせたもの）：大さじ3

できあがり
ドーナツ
6個分

作りかた

1. 砂糖と抹茶を小さめのボウルに入れてよく混ぜます。

2. バターを電子レンジ用ボウルに入れます。完全に溶けるまで、電子レンジで30秒加熱します。チョコチップを加え、さらに1分加熱しよく混ぜます。もしチョコが完全に溶けていなければ30秒ほど延長して、なめらかになるまで混ぜます。

3. バターとチョコのボウルに、手順1の砂糖と抹茶を混ぜたものと、ハーフアンドハーフを加えてよくなじませます。600Wの電子レンジで1分加熱し、なめらかになるまで練り混ぜます。グレーズは、とろみがありつつ、スプーンからゆっくりと垂れる程度の柔らかさが必要です。グレーズが固いときは、ハーフアンドハーフを小さじ1ほど加え、ゆるすぎたら、粉砂糖を小さじ2ほど加えましょう。時間をおくと固くなるので、ドーナツにかける前に30秒加熱してよく混ぜてから使います。グレーズをかけるときは、グレーズは温かく、ドーナツは常温である必要があります（164ページの「ドーナツにグレーズをかけるには」参照）。

4. 余ったグレーズは冷蔵庫で5日以内、冷凍で3週間保存できます。

ドーナツにグレーズを
かけるには

1. 焼きドーナツ型からドーナツを取り出し、室温で冷まします。ドーナツが（オーブンから出したばかりのように）熱すぎると、グレーズがドーナツから溶けて流れて落ちてしまい、ほとんどがドーナツではなく、お皿にかかってしまいます。

2. グレーズを温めて液状に戻します。冷えて固まっていたら15秒程度電子レンジで加熱してかき混ぜてください。ボウルを傾けても流れないほどにグレーズが乾いていたら、ハーフアンドハーフを大さじ1加えてかき混ぜます。ミルクを加えすぎると、グレーズがきちんと固まらなくなります。水分が多すぎる場合は、½カップの粉砂糖を加えてとろみを調整します。

3. ドーナツの焼き色の薄い側を上に、焼き色の濃い側が下になるように手に持ちます。

4. ドーナツの焼き色が濃い側を温かいグレーズの入ったボウルにつけて、ドーナツの厚さ3分の2程度をコーティングします。引き揚げたら、余分なグレーズが滴るのを数秒ほど待ちます。グレーズをかけた側を上にして、クッキングペーパーに並べて固まるまで冷まします。

アールグレイ・ドーナツグレーズ

このグレーズは、プレーンもちドーナツ（160 ページ）や
チョコもちドーナツ（162 ページ）にぴったり。私は、トレーダー・ジョーズの
オーガニック・アールグレイティー（Trader Joe's Organic Earl Grey Tea）を
使っています。このグレーズでは、本物の紅茶が味わえます。

材料

- ハーフアンドハーフ
  （生クリームと牛乳を同量ずつ
  合わせたもの）：大さじ4
- 持ち手の紙やホチキスの
  芯などを取り除いた
  アールグレイティーの
  ティーバッグ：2パック
- ギラデリなど品質のよい
  ホワイトチョコチップ：
  ¼ カップ（43g）
- 刻んだ無塩バター：
  大さじ2
- 塩：小さじ⅛
- 粉砂糖：1.5カップ

できあがり
ドーナツ
6個分

作りかた

1. ハーフアンドハーフ大さじ4を中くらいの電子レンジ用
   ボウルに入れます。ティーバッグを入れて、ミルクの中
   に沈め、600W の電子レンジで1分加熱します。電子レ
   ンジから取り出したら、ティーバッグが破れないように
   気をつけながら、数回かき混ぜます（茶葉がミルクに
   入らないように）。ティーバッグを取り出して、ボウルにし
   ぼってからバッグを捨てます。ミルクの色は中程度の
   ダークブラウンになっているはずです。

2. 紅茶を煮出したミルクにホワイトチョコチップ、バター、
   塩を入れます。600W の電子レンジで約1分加熱して、
   チョコとバターを溶かします。固まりが残っていたら、
   かき混ぜてすべて溶かします。砂糖を入れて、さらによ
   く混ぜます。もう一度、電子レンジで1分加熱し、なめ
   らかになるまでよくかき混ぜます。グレーズは、ぽった
   りととろみがあり、スプーンからゆっくりと垂れる程度
   の柔らかさが必要です。グレーズが固いときは、ハー
   フアンドハーフを小さじ1ほど加えます。ゆるすぎたら、
   粉砂糖を小さじ2ほど加えて調整します。

イチゴローズウォーター・ドーナツグレーズ

ローズウォーターもち（054ページ）は、
もち教室の人気メニューのひとつです。このレシピは、ある日の教室で、
イチゴとホワイトチョコをグレーズに入れてみたのがきっかけです。
ローズウォーターがイチゴの風味を引き立て、パーフェクトな発明になりました。
このグレーズの味はほとんどイチゴ。なのに、バラの繊細な香りもします。
このレシピでは、よく洗ったスパイスミルかすり鉢を使います。

材料

- フリーズドライのイチゴ：
  ¼カップ
- ふるいにかけた粉砂糖：
  1.5カップ
- 無塩バター：大さじ2
- ギラデリなど品質のよい
  ホワイトチョコチップ：
  ¼カップ（43グラム）
- ハーフアンドハーフ
  （生クリームと牛乳を同量ずつ
  合わせたもの）：大さじ3
- ローズウォーター
  （コルタスのものなど）：
  小さじ½

できあがり
ドーナツ
6個分

作りかた

1. イチゴをスパイスミルかすり鉢に入れ、細かい粉になるまですりつぶし、小さじ3杯分と粉砂糖をよく混ぜます（余ったイチゴの粉はあとで使います）。

2. 耐熱ボウルにバターを入れ、600Wの電子レンジで30秒ほど加熱し、完全に溶かします。チョコチップを加えて、さらに40秒加熱し、すべてがなじむまで、よくかき混ぜます。もしチョコが溶け残っていたら、さらに30秒温めてください。少し粒が残っていても大丈夫です。

3. 手順2に手順1のイチゴと砂糖の粉と、ミルクを加えてなじませます。電子レンジで1分加熱し、なめらかに混ぜます。ローズウォーターを加え、さらに混ぜます。できたグレーズはスプーンから垂れる程度のとろみと柔らかさが必要です。グレーズが固いときは、ハーフアンドハーフを小さじ1ほど加え、ゆるすぎたら粉砂糖を小さじ2ほど加えて調整します。時間をおくと固くなるので、かける前に30秒加熱し、よく混ぜて使ってください。グレーズをかけるときは、グレーズは温かく、ドーナツは常温である必要があります（164ページ参照）。

きな粉シナモン ドーナツグレーズ

「秋が来たよ！」と教えてくれるようなグレーズです。
きな粉（炒ってひいた、素朴な味の大豆の粉）とシナモンの香りを利かせたデザートは、
ホットココアやパンプキンスパイスコーヒーにぴったりです。
このレシピは、材料を2倍、3倍に増やしても作れます。

材料

- 粉砂糖：1.5カップ
- きな粉：大さじ2
- シナモンパウダー：
  小さじ1
- 刻んだ無塩バター：
  大さじ2
- ギラデリなど品質のよい
  ホワイトチョコチップ：
  ¼カップ（43グラム）
- ハーフアンドハーフ
  （生クリームと牛乳を同量ずつ
  合わせたもの）：大さじ3

できあがり
ドーナツ
6個分

作りかた

1. 砂糖、きな粉、シナモンを小さなボウルに入れ、全部が
   なじむまで混ぜます。

2. 中くらいの電子レンジボウルにバターを入れます。
   600Wの電子レンジで30秒ほど加熱して、バターを完
   全に溶かします。チョコチップを加えて、さらに40秒電
   子レンジで温め、かき混ぜてよくなじませます。チョコ
   が完全に溶けていなければ、さらに30秒加熱してくだ
   さい。少しだけ粒が残っているくらいであれば、次の手
   順で溶けるので大丈夫です。

3. チョコとバターを混ぜたボウルに、きな粉と砂糖を混
   ぜたものとハーフアンドハーフを加えて、よく練り合わ
   せます。できたグレーズは、ぽったりととろみがありな
   がら、スプーンから垂れる程度の柔らかさが必要です。
   グレーズが固いときは、ハーフアンドハーフを小さじ1
   ほど加えます。ゆるすぎたら、粉砂糖を小さじ2ほど加
   えて調整します。時間をおくと固くなるので、ドーナツ
   にかける前に30秒加熱してよく混ぜてからお使いくだ
   さい。グレーズをかけるときは、グレーズは温かく、ドー
   ナツは常温になっている必要があります（164ページの
   「ドーナツにグレーズをかけるには」参照）。

黒ゴマもちドーナツ

黒ゴマには、日本の伝統的な風味があります。ナッツにほのかな香ばしさが
加わったその香りは、ホワイトチョコやバター、砂糖などとの相性がよく、
もっちりとしたもちドーナツに合わせると、素晴らしいおやつになります。
このレシピでは、焼きドーナツ型（私は10センチ幅のドーナツが作れる
ウィルトンのテフロン加工ドーナツパンを使っています）と、よく洗ったスパイスミル、
またはすり鉢、しぼり袋を使います。
このレシピは、材料を2倍、3倍に増やしても作れます。

材料

ドーナツ
- ドーナツ型に塗る
  無塩バター：大さじ1
- 黒炒りゴマ：大さじ4
- もち粉：1カップ
- ベーキングパウダー：
  小さじ1
- 塩：小さじ⅛
- 卵（大）：2個
- ハチミツ：大さじ2
- 牛乳：⅓カップ
- 全乳ヨーグルト
  （プレーン）：大さじ2
- バニラ エキストラクト：
  小さじ1
- 溶かした無塩バター：
  大さじ3

グレーズ
- 黒炒りゴマ：大さじ3
- 粉砂糖：1.5カップ
- 溶かした無塩バター：
  大さじ2
- ギラデリなど品質のよい
  ホワイトチョコチップ：
  ¼カップ（43グラム）
- ハーフアンドハーフ
  （生クリームと牛乳を同量ずつ
  合わせたもの）：大さじ3
- デコレーション用黒ゴマ：
  少々

できあがり
6個

作りかた

1. **ドーナツを作る：**オーブンを180℃に予熱します。ドーナツ型にたっぷりとバターを塗ります。

2. 黒炒りゴマを大さじ4杯、スパイスミルまたはすり鉢に入れて、すりつぶします（078ページのNOTE参照）。すりつぶし続けるとゴマから油が出て固まってくるので、固まる前にするのをやめます。

3. もち粉、すりゴマ、ベーキングパウダー、塩を合わせてふるい、大きめのボウルに入れます。

4. 卵とハチミツを中くらいのボウルに入れて混ぜます。牛乳、ヨーグルト、バニラエキストラクトを加え、さらによく混ぜます。

5. もち粉を混ぜた粉類のボウルに卵を混ぜた液を入れ、泡立て器でなめらかに混ぜます。よく混ざったら、溶かしたバターを加えて、さらに混ぜます。

6. しぼり袋に生地を詰めて、準備しておいたドーナツ型の深さ¾くらいまでしぼり入れます。

7. 焼き色が均一になるように、途中でドーナツ型の向きを変えながら20分焼きます。オーブンから取り出し、10〜15分ほど冷まします。

8. **グレーズを作る**：ドーナツを冷ましている間に黒ゴマを すり、砂糖と一緒に小さなボウルに入れます。

9. 中くらいの電子レンジ用ボウルにバターを入れます。 600W の電子レンジで 30 秒ほど加熱し、完全に溶かし ます。チョコチップを加えて、さらに 40 秒加熱し、かき 混ぜてよくなじませます。チョコが完全に溶けていなけ れば、さらに 30 秒加熱してください。少しだけ粒が残っ ていても、次の手順で溶けるので大丈夫です。

10. チョコとバターを混ぜたボウルに黒ゴマと砂糖を混ぜ たものとハーフアンドハーフを加えて、よく練り合わせ ます。グレーズは、ぽったりととろみがありながら、ス プーンから垂れる程度の柔らかさが必要です。グレー ズが固いときは、ハーフアンドハーフを小さじ 1 ほど 加えます。ゆるすぎたら、粉砂糖を小さじ 2 ほど加え て調整します。時間をおくと固くなるので、ドーナツに かける前に 30 秒加熱してよく混ぜてからお使いくださ い。グレーズをかけるときは、グレーズは温かく、ドー ナツは常温になっている必要があります（164 ページの 「ドーナツにグレーズをかけるには」参照）。

11. グレーズをかけたあとの表面に軽く黒ゴマをふると、き れいに仕上がります。余ったグレーズは冷蔵で 5 日、冷 凍で 3 週間保存できます。

アップルサイダー
もちドーナツ

秋になると、オハイオ州コロンバスの近くにあるリンド果樹園を訪れ、リンゴ狩りをしたり、
自家製のおいしいアップルサイダードーナツを買ったりします。アップルサイダー味の
ドーナツをもち粉で作ってみたら、とってもおいしくてやみつきになるおやつができました。
寒い秋の始まりに、温かい飲み物といっしょに食べるのにぴったりです。
このレシピでは、焼きドーナツ型（私は10センチのドーナツが作れる
ウィルトンのテフロン加工ドーナツパンを使っています）と、
よく洗ったスパイスミルまたはすり鉢、しぼり袋を使います。
このレシピは、材料を2倍、3倍に増やしても作れます。

材料

ドーナツ
- ドーナツ型に塗る
  無塩バター
  （もしくは植物油）：大さじ1
- もち粉：1カップ
- ベーキングパウダー：
  小さじ1¼
- シナモンパウダー：
  小さじ1
- アップルパイスパイス＊：
  小さじ1

＊訳注：シナモン、グローブ、ナツ
メグ、ジンジャーパウダー、オレ
ンジの皮などがブレンドされたブ
レンドされたスパイスミックスで
す。手に入らなければ省略する
か、お好みのスパイスをブレンド
してもよいでしょう。

→ 材料は次のページに続きます。

作りかた

1. **ドーナツを作る**：オーブンを180℃で予熱します。ドー
   ナツ型にたっぷりとバターを塗ります。

2. もち粉、ベーキングパウダー、シナモン、アップルパイ
   スパイス、塩を合わせて、大きめのボウルにふるって入
   れます。

3. 別の大きめのボウルに卵と黒砂糖を入れて混ぜます。
   アップルサイダー、ヨーグルト、バニラエキストラクトを
   加えてさらによく混ぜます。

4. もち粉に粉類を混ぜたボウルに卵を混ぜたものを入れ
   て、溶かしたバターを加えてなめらかになるまでよく混
   ぜます。

- 塩：小さじ⅛
- 卵（大）：2個
- 黒砂糖：
  すりきり¼カップ
- アップルサイダー：
  ⅓カップ
- 全乳ヨーグルト
  （プレーン）：大さじ2
- バニラエキストラクト：
  小さじ1
- 溶かした無塩バター：
  大さじ3

**シュガースパイス
コーティング**
- グラニュー糖：1カップ
- シナモンパウダー：
  小さじ1
- アップルパイスパイス：
  小さじ1
- 溶かした無塩バター：
  大さじ6

NOTE

このドーナツは、砂糖と
スパイスでコーティング
をすると最高の味になり
ます。ぜひお試しくださ
い！

できあがり
6~10個

5. しぼり袋に生地を詰め、準備しておいたドーナツ型の
   深さ¾くらいまでしぼり入れます。

6. 焼き色が均一になるように、途中でドーナツ型の向き
   を変えながら、表面がきつね色になり、パリっとした薄
   い皮ができるまで20分焼きます。焼きあがったら、ドー
   ナツ型をひっくり返して型からはずします。ケーキクー
   ラーの上に並べ、グレーズをかけるまで10~15分冷ま
   しておきます。

7. **グレーズを作る：**ドーナツを冷ましている間に、黒砂糖、
   シナモン、アップルパイスパイスを小さなボウルに入れ
   てよく混ぜます。別のボウルに溶かしバターを入れて
   おきます。

8. それぞれのドーナツを溶かしバターに浸し、完全にコー
   ティングします。次に、先に混ぜておいたシナモンシュ
   ガーのボウルにドーナツを入れて、たっぷりまぶします。
   翌日には固くなってしまうので、当日中に食べるのがお
   すすめです。

ココナッツチチだんご

初めてチチだんごを食べたのは、夫と娘とホノルルに旅行したときのこと。
私はハワイ出身ではないので、このお菓子を食べたことがなく、不思議な感覚でした。
もちなのにあんがない？ と思いましたが、すぐに大好きになりました。
フジヤ・ハワイ（Fujiya Hawaii）で食べたココナッツチチだんごは、
いままで食べたもちの中でいちばん柔らかくて甘さ控えめの、やみつきになる味でした。
ココナッツ好きの人だけでなく、バーベキューのあとのデザートや、
ちょっとした集まりの軽食としてもぴったりです。
このレシピには、20センチ角の四角いオーブン皿を使います。

材料

- オーブン皿に塗るための
  キャノーラ油か
  クッキングスプレー
- もち粉：1.5カップ
- 砂糖：⅔カップ
- ベーキングパウダー：
  小さじ¾
- チャオコーなどの
  ココナッツミルク：
  400ミリリットル缶
- 水：⅔カップ
- コンデンスミルク：
  大さじ3
- バニラエキストラクト：
  小さじ1
- うち粉用コーンスターチ
  または片栗粉：1カップ

作りかた

1. オーブンを180℃に予熱します。オーブントレーに油を塗っておきます。

2. もち粉、砂糖、ベーキングパウダーを混ぜてから、大きめのボウルにふるい入れます。ココナッツミルク、水、コンデンスミルク、バニラエキストラクトを加えて、全体がなじむまでよく混ぜます。

3. 混ぜた生地をオーブン皿に広げます。のしもちのようなシート状に焼きたいので、厚さ2.5センチ以上、5センチ以下にします。

4. 生地が泡立ち、均一な色になるまで、45分くらい焼きます。もし、中まで焼けていなければ、全体が均一な質感になるまで、さらに5分ほど延長します。

5. オーブンから取り出したら、室温で冷まします。もちを幅2.5センチ×長さ20センチの短冊に切り、もち同士がくっつかないようにコーンスターチをたっぷりまぶします。

できあがり
ひとくちサイズ
25個

6. それぞれの短冊を3等分し、2.5センチの小さな四角い
   もちに切り分けます。それぞれにコーンスターチをまぶ
   し、余った粉を刷毛で払い落とします。密閉容器に入
   れて、常温で3日保存できます。暑い季節は、翌日以降
   は冷蔵庫に入れてください。

さくさくしっとり
もちワッフル

私はワッフルが大好き！　友だちと一緒にワッフル生地を混ぜながら
プレートで焼くことほど、楽しいものはありません。このワッフルは、
カリッとした食感とおもちのもちもち感があり、シンプルな抹茶ソース（179 ページ）が
よく合います。カットした生のイチゴやシロップ、ひとすくいの小豆あん、
ホイップクリーム、定番のメープルシロップもぜひお試しあれ。
レシピの材料を 2、3 倍にしても作れます。

材料

- ワッフルプレートに塗る
  無塩バター（もしくは植物油）
- もち粉：2¼ カップ
- ベーキングパウダー：
  大さじ4
- 塩：小さじ⅛
- 砂糖：⅓ カップと大さじ1
- 卵（大）：1個
- ココナッツミルク：
  1カップ
- 植物油：¼ カップ
- 溶かした無塩バター：
  小さじ3
- バニラエキストラクト：
  小さじ2
- 水：¼ カップ

できあがり
2〜3枚

作りかた

1. もち粉2カップとベーキングパウダー、塩を大きめのボウルに入れて混ぜておきます。

2. 別の大きめのボウルに砂糖⅓カップと卵を入れ、さらにココナッツミルクと牛乳、植物油を加えてよく混ぜます。バターとバニラエキストラクトも加え、なめらかになるまでさらに混ぜます。

3. 2の生地にもち粉を混ぜた粉類を加えて、なめらかになるまで1〜2分間、しっかりかき混ぜます。

4. 「もちスターター」を作ります。電子レンジ用のボウルにもち粉¼カップ、砂糖大さじ1と水を混ぜて、600Wの電子レンジで2分加熱します。スターターを手順3の生地に加えて、全体に混ざるように2分ほどかき混ぜます。生地がもったりとした感じになればオーケーです。

5. ワッフルプレートを中火で温めます。格子模様の部分に油脂を塗っておきます。

抹茶ソース
（→179ページ）

6. ワッフルプレートに生地を¾カップ流し入れます。きつ
  ね色になるまで4〜5分焼きます。ワッフルを焼くたび
  にプレートに油を塗ります。

[応用]

抹茶もちワッフルを作るには、バニラの代わりに、粉類に
小さじ1の抹茶を加えます。黒ごまもちワッフルを作るには、
すった黒炒りゴマ大さじ1（078ページのNOTE参照）を粉
類に加えます。

さくさく豆腐もちワッフル

この豆腐ワッフルは、外はさくさく、中はしっとりもっちりとしています。
軽くて食べやすく、豆腐が主成分なのでヘルシーですが、
味からは豆腐でできているとは絶対にわからないでしょう！
このワッフルを食べると、中学校のときにビーガンの友人の家に遊びに行ったことを
思い出します。彼女のお母さんならきっと、このビーガン豆腐ワッフルのような、
さくさくのおいしいおやつを作りそうです。

材料

- ワッフルプレートに塗る
  無塩バター（もしくは植物油）
- もち粉：1.5カップ
- 砂糖：大さじ2
- ベーキングパウダー：
  小さじ2
- 塩：小さじ¼
- 水を切った絹ごし豆腐：
  1パック（400グラム）
- 水：½カップ
- グレープシードオイル
  または天然油：¼カップ

できあがり
3枚

作りかた

1. もち粉2カップと砂糖、ベーキングパウダー、塩を大きめのボウルに入れ、泡立て器でしっかり混ぜ合わせておきます。

2. 豆腐、水、油をフードプロセッサーに入れ、なめらかになるまで回転させます。もち粉を合わせておいたボウルに入れ、なめらかになるまで泡立て器でよく混ぜます。

3. ワッフルプレートを中火で温めておきます。格子の部分にはバターか油を塗っておきます。

4. ワッフルプレートに生地を¾カップに流し入れます。きつね色になるまで4〜5分焼きます。ワッフルを焼くたびにプレートに油を塗ります。

抹茶ソース

もちワッフルやパンケーキになにか特別なものが欲しかったら、
この抹茶ソースがばっちり！　抹茶のパンチが効いていて、
よくあるメープルシロップやパンケーキシロップの代わりとしても最高です。

材料

- 黒砂糖：すりきり大さじ3
- コーンスターチ：大さじ1
- ふるいにかけた茶席用の
  抹茶（NOTE参照）：小さじ1
- 水：大さじ3
- ギラデリなど品質のよい
  ホワイトチョコチップ：
  大さじ1（11グラム）

NOTE

品質のよい抹茶であれ
ばあるほど、おいしい
ソースができます。料理
用の抹茶で作ったもの
は、茶席用の抹茶のよう
には香りがたちません。
特にこのようなレシピの
場合、抹茶の品質が味
に影響します。

作りかた

1. 黒糖、コーンスターチ、抹茶を小さめの電子レンジ用ボ
   ウルに入れて混ぜます。さらに水を加えて、抹茶とコー
   ンスターチが溶けるまでよく混ぜます。

2. 600Wの電子レンジで混ぜたものが泡立ち、とろみが
   でるまで2〜3分程度加熱します。チョコチップを加え
   て、余熱で溶かしながら混ぜます。もしチョコレートが
   完全に溶けなければ、さらに20秒電子レンジにかけ、
   もう一度よく混ぜます。

できあがり
ワッフル
3枚分

チョコもちブラウニー

外はサクサク、中はもっちりモチモチ。このブラウニーはすぐに作れて、
チョコチップがたっぷり入っています。おいしいおやつとして、また夜、
小腹が空いたときのスナックにもぴったり。このお菓子のレシピづくりを手伝ってくれた、
友だちのユキ・パターソン（Yuki Peterson）と彼女のお母さんに感謝を。
このレシピでは、23×33センチのオーブン皿を使います。

材料

- オーブン皿に塗る
  無塩バター（もしくは天然油）
- もち粉：3カップ
- 無糖ココアパウダー：
  ½カップ
- ベーキングパウダー：
  大さじ1
- 卵（大）：2個
- 三温糖：すりきり2カップ
- 牛乳：2.5カップ
- 植物油：½カップ
- 溶かしバター：½カップ
- バニラエキストラクト：
  小さじ2
- セミスイートチョコレート
  チップ：1カップ

できあがり
10個

作りかた

1. オーブンを180℃に予熱します。オーブン皿にバター、
   あるいは油を塗るか、クッキングシートを敷き込みます。

2. もち粉、ココア、ベーキングパウダーを混ぜてから、大
   きめのボウルにふるい入れます。

3. 別の大きなボウルに卵を割り入れ、砂糖、牛乳、油、バ
   ター、バニラエキストラクトを加えてよく混ぜます。混
   ぜたものをもち粉のボウルに入れ、全体がなじむまで
   さっくりと混ぜます（ダマにならないように気を付けてく
   ださい）。チョコチップを½カップ加えて混ぜます。

4. 用意しておいたオーブン皿に生地を流し入れ、残った
   ½カップのチョコチップを上に散らします。

5. 黄金色になるまで50〜60分程度焼きます。熱いうちに
   バニラアイスを添えていただくか、そのまま室温で冷ま
   します。四角く切りわけて密閉容器に入れ、室温で3日
   以内、冷凍で1カ月保存できます。

~~~~~~

[応用]

黒ゴマもちブラウニーを作るには

黒炒りゴマ ¼ カップをスパイスミルですります（078 ページ
の NOTE 参照）。ココアの代わりにすりゴマときな粉大さじ
1（お好みで加えるとおいしくなります）、三温糖の代わりに
グラニュー糖 2 カップ、セミスウィートチョコの代わりにホワ
イトチョコに置きかえます。

乳製品が食べられない場合は、牛乳を別のタイプのミルク
に、バターを植物油に置きかえてください。

抹茶ホワイトチョコもち
ブラウニー

おもちの食感を表すのに、日本語では「もちもち」という言葉を使います。
このブラウニーは、外側はさくっと香ばしく、内側はもちもちして、
おまけにホワイトチョコのつぶつぶも楽しめます！
このレシピでは、23×33センチのオーブン皿を使います

材料

・ ワッフルプレートに塗る
　無塩バター（もしくは天然油）
・ もち粉：3カップ
・ ふるいにかけた抹茶：
　2.5カップ
・ ベーキングパウダー：
　大さじ1
・ 塩：小さじ½
・ 卵（大）：2個
・ 砂糖：2カップ
・ 牛乳：2.5カップ
・ 植物油：½カップ
・ 溶かしたバター：
　½カップ
・ バニラエキストラクト：
　小さじ2
・ ギラデリなど品質のよい
　ホワイトチョコチップ：
　1カップ（170グラム）

できあがり
10個

作りかた

1.　オーブンを180℃に予熱します。オーブン皿にバター
　　か油を塗るか、クッキングシートを敷き込みます。

2.　もち粉、抹茶、ベーキングパウダーを混ぜてから、大き
　　めのボウルにふるい入れます。

3.　別の大きなボウルに卵を割り入れ、砂糖、牛乳、油、バ
　　ター、バニラエキストラクトを加えてよく混ぜます。混
　　ぜたものをもち粉のボウルに入れ、全体がなじむまで
　　さっくりと混ぜます（ダマにならないように気を付けてく
　　ださい）。チョコチップを½カップ加えて混ぜます。

4.　用意しておいたオーブン皿に生地を流し入れ、残りの
　　½カップのチョコチップを上に散らします。

5.　黄金色になるまで1時間ほど焼きます。温かいうちに
　　食べるのがいちばんですが、冷めてもおいしいです。
　　四角く切り分けて密閉容器に入れ、室温で3日保存で
　　きます。

ありがとう、ありがとう、ありがとう！

　まずは私の出版エージェントである、レスリー・ジョナス（Leslie Jonath）に感謝を。この本の企画を信頼して、実現するために熱心に動いてくれてありがとう。この本のためにストーリー・パブリッシング（Storey Publishing）という素晴らしい出版社を見つけ、とても努力してくれたことをいつまでも感謝します。本を書いている間も、あなたの明るい性格が私を励まし元気づけてくれました。

　この本を手に取ってくれた、読者のみなさんにもありがとう！　私のインスタグラム（@kaoriskitchen）やメール（info@kaoriskitchen.com）にお便りをいただけるとうれしいです。ぜひ、みなさんのもちづくりの様子をぜひ教えてください（ハッシュタグは、#mochimagic）。

　リズ（Liz）さん、キャロライン（Carolyn）さん、サラ（Sarah）さん、アナスタシア（Anastasia）さんを始め、この本を一生懸命に作ってくれた、ストーリー・パブリッシングのみんな、どうもありがとう！　素晴らしいフードスタイリストのジェフリー・ラーセン（Jeffrey Larsen）さん、アシスタントスタイリストのナタリー（Natalie）さん、カメラマンのウェンディ・ノーデック（Wendi Nordec）さん、アシスタントカメラマンのアフラ（Afra）さん、そして才能のある私の友だち、コカ（Koka）！　この本をあなたといっしょに作った思い出は決して忘れません。

　私がまくしたてる、もちのレシピやアイデアをいつも聞いてくれる、夫のアラン（Alan）にもありがとう。素晴らしいお父さんであり、夫であり、息子であり、お兄さんでいてくれて感謝します。どんなに危なっかしく見えても、起業家となり、作家となる夢をあと押ししてくれてありがとう。あなたが私といっしょにいてくれて、本当に運が良かった。私のモチモチの赤ちゃん、娘のエミリー（Emilie）、たくさんの笑顔と喜びを振りまいてくれてありがとう。

　私を育て上げ、支えつづけ、そして私と家族を愛してくれる、大好きな両親リチャードとユキコ（Richard and Yukiko）、ありがとう。母のユキコは、料理教室を開くという私の夢を支え、また現実のものとするために、土壇場のベビーシッターや掃除、教室の先生、レシピの先生、ほかにもまだまだありますが、日々のサポートをしてくれました。私の大量かつクレイジーなアイデアをいつも励ましてくれた妹のレベッカにも感謝を。才能のかたまりであるグレイシーさん、あなたの素敵な写真と絶え間ない励まし、アイデア、そして協力に感謝を。あなたが撮影してくれたもちの写真が、この本を作るきっかけになったのです！　私のもちを全部試食したうえに貴重なフィードバックをくれ、そして私がこの本を書いてい

　る間、エミリーの子守りをしてくれた、ヨウコ（Yoko）とロバート（Robert）、それからハーモニー（Harmony）、どうもありがとう。

　この本を書いている間、毎週立てた目標をこなし続けるように励ましてくれた、友だちのクレア・ハリナン（Claire Hallinan）にも感謝を。この本が今日あるのは、あなたのおかげです。この本の多くのレシピの開発やテストはもちろん、もち教室の手伝いをしてくれたエリズ・ベーカリー（erisbakery.com）のエリ・コームスさん、本当にありがとう。ユキ・オータケさん、ハルコ・ナガイシさん、そしてムツミ・ニワさん、この本のレシピを作るのを手伝ってくれてありがとう。私の友だちで、初稿編集者のジナエ・ヒガシノ（Jinae Higashino）さんの徹底的な編集、ナタリー C（Nathalie C）さんの素晴らしい編集、そして初稿の最終編集を手伝ってくれたキャロリン・ボニーニ（Carolyn Bonini）さんにも大きな感謝を。

　最後に、私のレシピを試食してくれたみんな、どうもありがとう！ ユンファ・デトレセン（Junghwa Detlefsen）、ジャネット・リビングストン（Janet Livingston）、カルメン・シウ（Carmen Shiu）、パイパー・ムラカミ（Piper Murakami）、キャスリーンとオーガスタス・マーティン（Kathleen and Augustus Martin）、ビバリー・ウォン（Beverly Wong）、ダン・オッペンハイマー（Dan Oppenheimer）、ティコ・ブルメンタール（Tico Blumenthal）、マリー・ヴァルモレス（Marie Valmores）、マーク・デザート（Mark Dessert）、ダイアン・ラドル（Diane Ruddle）、ソラ・ストール（Sora Stoll）、ララ・フォルカー・ショー（Lara Voelker Shaw）、コリアナ・シュミッタット（Koreana Schmittat）、エリザベス・ラミロ（Elizabeth Ramiro）、ジルとキム・ナカムラ（Jill and Kim Nakamura）とその家族のみなさん、ハルコ・ナガイシ、ジャン・ブナック（Jean Bunac）、ランス・アキヤマ（Lance Akiyama）、マリス・シオザキ（Marice Shiozaki）、レル・グエン（Lele Nguyen）、ロレイン・チュー（Lorraine Chew）、マディソン・ディクソン（Madison Dickso）、オードリー・マーティン（Audrey Martin）、ティナ・マリー・リー（Tina Marie Lee）、ユミコ・イシダ（Yumiko Ishida）、ミシェル・ホー（Michelle Ho）、ジェニファー・リー（Jennifer Lee）、キミコ・マルシ（Kimiko Marsi）、ナターシャ・フィリップス（Natascha Phillips）、エミリー・エグサ（Emily Egusa）、カーリン・バーク（Karlin Bark）、そしてもっとたくさんの試食やテストをしてくれた人たち（あなたは誰のことかわかりますよね！）、どうもありがとうございました。

著者紹介

Kaori Becker （カオリ・ベッカー）

日本食専門の料理人。もち作りのクラスで人気の料理教室
「Kaori's Kitchen」を、サンフランシスコ・ベイエリアで母
とともに運営している。オハイオ州コロンバスにある「The
Mochi Shop」の共同経営者でもある。

訳者

鈴木 英倫子 （すずき えりこ）

普段は主に「すずえり」の名前で活動。翻訳書に『エレクト
ロニクスをはじめよう』、『ハンダづけをはじめよう』（オライ
リー・ジャパン）など。電子回路を使ったお菓子作りユニッ
ト「BreadBoard Baking」のメンバーですが、今回おもち
作りに関して、編集の松下典子さんにとてもお世話になり
ました。http://suzueri.org

アメリカからやってきた、みんなで作る

おもち、大福、おだんごの本

2021 年 3 月 25 日　初版第 1 刷発行

著者	Kaori Becker（カオリ・ベッカー）
訳者	鈴木 英倫子（すずき えりこ）
発行人	ティム・オライリー
デザイン	中西 要介、根津 小春（STUDIO PT.）
カバーイラスト	内田 有美
編集協力	松下 典子

印刷・製本　　日経印刷株式会社

発行所　　　　株式会社オライリー・ジャパン
〒 160-0002　東京都新宿区四谷坂町 12 番 22 号
Tel (03) 3356-5227　Fax (03) 3356-5263
電子メール japan@oreilly.co.jp

発売元　　　　株式会社オーム社
〒 101-8460　東京都千代田区神田錦町 3-1
Tel (03) 3233-0641（代表）　Fax (03) 3233-3440

Printed in Japan（ISBN978-4-87311-944-1）